VÄRLDENS RELIGIONER

en handbok för den vidsynte

D. E. Harding

Utgiven av The Shollond Trust

87B Cazenove Road

London N16 6BB

England

headexchange@gn.apc.org

www.headless.org

The Shollond Trust är registrerad stiftelse i Storbritannien nr. 1059551

Formgivning: rangsgraphics.com

Översättning till svenska av Olof Rehn, Axel Wernhoff & Gustaf Rehn

ISBN 978-1-914316-09-8

INNEHALL

ÖVERSÄTTARNAS FÖRORD

The Religions of the World är den första boken av den engelske filosofen Douglas Edison Harding (1909—2007) som har översatts till svenska. Den publicerades första gången 1966 på Heineman Educational Books och användes som kurslitteratur i jämförande religion, i Cambridge, där Harding undervisade på 1960-talet.

Harding föddes i en familj som tillhörde Plymouthbröderna, en fundamentalistisk kristen sekt där tidningar, böcker, film, teater, ja, till och med skratt, var om inte förbjudna så högst ogillade. Det var en miljö som uppenbarligen passade den unge Harding illa. Vid 21-års ålder, när han studerade arkitektur i London, konfronterade han sekten med en pamflett som argumenterade mot dess dogmatiska synsätt. Han blev omedelbart utesluten och förlorade samtidigt, och för resten av livet, kontakten med sin familj.

Harding var yrkesverksam som arkitekt men under ledig tid brottades han med frågan om tillvarons under och mysterium, framförallt de existentiella frågorna *Vem är jag?* och *Vad är jag?* Han tog sig an uppgiften med en strikt vetenskaplig empirisk metod, tog inget för givet och ifrågasatte allt som inte kunde bekräftas med direkt observation. Hardings "Heureka-ögonblick" inträffade när han såg ett självporträtt av den österrikiske fysikern och filosofen Ernst Mach. Det var inte ett klassiskt självporträtt (som ju är en spegelbild); Mach hade ritat sitt självporträtt utifrån sitt eget subjektiva perspektiv; fötter, ben, armar, torso och hela rummet fyller bilden. "Jag förlorade mitt huvud men vann hela världen", har Harding beskrivit ögonblicket.

Och det är just den erfarenheten i nuet, som är nyckeln till Hardings filosofi och kosmologi. Det är en upplevelse och ett perspektiv som bara subjektet, 1:a person singularis presens, kan ha. Det är en praktisk filosofi som är unik då den tar sin utgångspunkt i observatören själv, i observatörens perception av sig själv, här och nu, samtidigt med dennes observation av den objektiva verkligheten.

På 1940-talet skrev Harding sitt magnum opus, det vetenskapsteoretiska verket "The Hierarchy of Heaven and Earth". Manuskriptet blev dock så omfattande att Harding bedömde det omöjligt att publicera. Med en kraftigt förkortad version vände sig Harding till C.S. Lewis med en förhoppning om stöd för utgivning. C. S. Lewis svar var mer än entusiastiskt; "Du har gjort mig berusad, mer än berusad, på ett sätt jag aldrig blivit av en bok... vem är du, varför har jag aldrig hört talas om dig?... du har skrivit en bok med största genialitet... England blir vanärat om inte denna bok publiceras". C. S. Lewis sammanförde Harding med T. S. Eliot då verksam på förlaget Faber & Faber, där boken också gavs ut 1952. I förordet skriver C. S. Lewis; "Denna bok är, som jag uppfattar det, ett första försök att ändra en tankeströmning som har pågått ända sedan filosofins födelse... om (denna bok) kommer att visa sig bara ha varit en avlägsen förfader till ett system som kan återge oss ett trovärdigt universum befolkat av trovärdiga aktörer och observatörer, så kommer detta ändå ha varit en synnerligen viktig bok."

Den omfattande originalversionen av "The Hierarchy of Heaven and Earth" gavs ut i faksimil i begränsad upplaga 1998 av Shollond Trust men finns idag tillgänglig som nyutgåva på Amazon. Verket har emellertid mer eller mindre fallit i glömska—trots C.S. Lewis' entusiasm. Hade han rätt i sin hyllning kan "The Hierachy of Heaven and Earth" mycket väl visa sig utgöra en av 20:e århundradets mest banbrytande filosofiska verk.

Harding har skrivit ett stort antal böcker och essäer om religion och filosofi med en och samma utgångspunkt; upplevelsen av nuet, 1:a person singularis presens. Harding hävdar att det är denna erfarenhet som mystiker i alla de stora världsreligionerna beskrivit, ofta med ett poetiskt och svårtillgängligt språk.

I syfte att göra erfarenheten lättillgänglig utvecklade Harding under 1960-talet ett antal upplevelsebaserade experiment, vilka utgjorde själva kärnan i de workshops som han höll världen över ända upp i 90-års ålder.

Världens Religioner är en storslagen bok trots sitt anspråkslösa format och direkta tilltal. Det är en undersökning av världens stora religioner som har format, och fortsätter att forma, vår värld. Den förlorar sig inte i det virrvarr av ritualer och sedvänjor som präglar de olika religiösa traditionerna utan söker det som förenar dem - i sina respektive högsta uttryck. Med Hardings egna ord: "... var och en av de stora religionerna är oupplösliga delar av religionernas gemensamma hjärta." Boken visar också hur de djupaste religiösa intuitionerna kan förenas med den moderna vetenskapens insikter om universum och mikrokosmos.

För den som brottas med frågan om förhållandet mellan religion och vetenskap är Hardings svar värda att begrunda. Hans budskap är i allra högsta grad relevant och är en väg ut ur såväl sekulära som religiösa fundamentalistiska strömningar som plågar vår samtid och som alla ytterst bottnar i frågan om vår identitet—*Vem och Vad är jag?*

I den senaste engelska utgåvan som vi här har översatt finns ett avsnitt som heter "Moderna Experiment". Dessa är nyckeln till Hardings filosofi och tankevärld. Utan dessa haltar förståelsen som ju i sin grund är baserad på observation och upplevelse av nuet. Det blir som att endast läsa menyn men inte förnimma matens smak och doft. Vi har dock valt att inte inkludera experimenten i denna översättning då de finns tillgängliga på svenska på utgivarens hemsida www.headless.org. Vi rekommenderar läsaren att genomföra dem vid sidan av läsandet.

Olof Rehn, Axel Wernhoff, Gustaf Rehn.

INTRODUKTION

O m en upptäcktsresande från yttre rymden skulle råka hamna på vår planet, skulle han troligen dra slutsatsen att vi lider av en allvarlig och ytterligt mystisk sjukdom, med en hel mängd olika symptom.

Den får vissa av oss att bränna, slakta eller bomba våra medmänniskor utan uppenbar anledning. Den får andra att tortera eller stympa sina egna kroppar, att hålla upp en arm tills den förtvinar och blir oanvändbar, att nästan svälta sig till döds eller att bosätta sig på den högsta pelare som står att finna och så vidare och så vidare.

Listan på symptom, från det harmlösa till det fruktansvärda, tycks ändlös. Sjukdomen är djupt rotad och allmänt spridd, lika gammal som människan själv. Det finns inga tecken på vare sig bot eller lindring—snarare tvärtom.

Denna sjukdom kallas religion!

En av orsakerna till sjukdomens väldiga utbredning är att de motstridande varianterna för krig mot varandra. Den stackars patienten—människosläktet—är det förödda slagfält där denna eviga kamp äger rum.

Av de botemedel som föreslagits finns tre som utmärker sig. Låt oss kalla dem *tvivel*, *omvändelse* och *integration*.

Med *tvivel* menar jag en långtgående ateistisk skepticism, med syfte att utrota sjukdomen i alla dess former med förnuftets skalpell. Till vilket resultat? Även om denna metod flitigt använts i åtminstone 3000 år visar den sig verkningslös. Och även om den skulle fungera—

skulle mänskligheten må bättre—eller sämre? Problemet är att det finns något som kan liknas vid ett mentalt hormon, som vi kan kalla *mening* och som är oupplösligt förenad med sjukdomen, utan vilket patienten skulle ge upp och dö. Hellre ett liv fördunklat av sjukdomen *religion,* om den nu ger mening, än en tillvaro utan mening.

Det andra botemedlet är *omvändelse.* Trots ständigt populär är det mindre troligt att det fungerar bättre än tvivel. Den fromma förhoppningen är att en variant av sjukdomen—den egna religionen förstås!—antingen med hjälp av övertalning eller tvång, eller en kombination av dessa två, kan besegra de andra trosuppfattningarna. Men här finns en hake. Även om en trosuppfattning skulle segra skulle inte fred uppstå. Dess olika sekter skulle fortsätta kriget. Strider mellan sekter inom en religion har i alla tider förekommit lika ofta som strider mellan religioner.

Det tredje botemedlet kallar jag *integration* och det är vad denna bok föreslår. Den bakomliggande idén är att vi kan—på ett närmast magiskt sätt—förvandla detta patologiska tillstånd till ett hälsosamt. Det innebär att de motstridande trosuppfattningarna förklarar fred, till vilken alla bidrar med sina unika förtjänster och förvandlar denna mänsklighetens förbannelse till en välsignelse. Mitt mål är att visa att var och en av världens stora religioner är oupplösliga delar av religionernas gemensamma hjärta. Vidare, att vår insikt om detta faktum skapar en värld där de religiösa striderna, krigen och bråken kan ge vika för en öppenhet och ett harmoniskt samtalsklimat där vi äntligen lyssnar på vad andra verkligen säger. Når vi dit, skulle jag vilja hävda att vi kommer att höra en i sanning himmelsk musik.

En gigantisk uppgift kan tyckas. Hur i all världen skulle detta kunna lyckas?

Mitt svar är: Det viktiga är att det fungerar för dig som läser denna bok, och för mig. Skälet är att du och jag är mer än vi synes vara. När man väl är botad är det inte som en enskild patient. När du ser vem du verkligen är, och inser att *integrerad religion* berättar historien om denna sanna och meta-individuella identitet som är du, ser du å allas vägnar. Du kan på inget sätt hindra att ditt seende spiller över på hela världen.

Se denna bok som en inbjudan till ditt livs äventyr och du kommer att se—och vara—exakt det som avses och det som jag avser.

Boken handlar ytterst om människans upplevelse av Gud som den tar sig uttryck i de stora världsreligionerna. Men den skiljer sig radikalt från de flesta skrifter i det här ämnet, på tre sätt:

(i) Den hävdar att varje studie av en religion från ett *utifrånperspektiv* inte är en studie överhuvudtaget. Att man endast genom en ärlig—om än temporär—konvertering till en religions eget synsätt, har möjlighet att uppskatta den för vad den egentligen är. Det vore annars som att bedöma ett vin utan att smaka det, eller en parfym utan att känna dess doft och bara förlita sig på uppgifter om koncentration, utseende och kemiska formler.

(ii) Den här boken hävdar därför att religionerna genom att bli värderade inifrån sig själva, visar sig vara komplementära, inte motstridiga. Fastän alla religioner innehåller frön till de andra religionerna, så behövs de andra för grodd och mognad. I själva verket utgör världsreligionerna en organisk helhet, en lika odelbar *enda tro* på samma sätt som mänskligheten är ett *enda släkte*. Av samma skäl som att ingen människa är sig själv utan andra människor, är ingen tro sig själv utan andra.

(iii) Av detta följer att om jag inte förnimmer innebörden i mänsklighetens gudserfarenhet, inte tillgodogör mig dess inre natur och dess kraft, så blir jag inte till fullo mänsklig. Jag blir inte mig själv. Jag behöver orientering och vägledning.

En första anledning att läsa denna bok, kan kanske bara vara att bekanta sig med denna märkliga företeelse, som vi kallar religion. Vackert så! Men det kan också vara så att den verkliga anledningen, intresset bakom ditt intresse, är att du i djupet av ditt hjärta anar, att det är här som du kan finna läkedom, inte genom att du smygtittar på religionerna från utsidan, utan inifrån. Religionerna har blott ett hjärta och det är ditt!

Douglas Harding

KAPITEL 1: VARFÖR STUDERA RELIGIONER?

Hans helighet konungen vördar män från alla sekter, både asketer och besuttna, genom gåvor och andra uttryck för aktning.... Andra människors sekter förtjänar på det ena eller andra sättet vördnad.... Den som vördar sin egen sekt, men missaktar andras på grund av hängivenhet till sin egen, med avsikt att öka dess lyskraft, skadar å det grövsta just sin egen sekt. Endräkt är därför aktningsvärd, nämligen att lystra och att villigt lystra till Fromhetens Lag, som den känns igen av andra.

Ashoka, Kejsare av Indien (270—320 f. kr)

SYFTET MED DENNA BOK

Syftet med denna bok är att låta dig stifta bekantskap med de stora världsreligionerna. Det finns många av dem och det här är en kortfattad liten bok. Därför kommer granskningen att begränsa sig till de sju eller åtta traditionella religioner som fortsätter att forma ideal och beteenden bland merparten av världens nu levande människor. Hellre än att riskera förvirring och vilsenhet på vägen bland tillfälliga trosuppfattningar och pittoreska sedvänjor som vuxit fram under seklernas lopp, ska vi försöka ge en inblick i vad som är centralt för var och en av de stora traditionerna. Det kommer att hjälpa oss att hålla vårt ämne och oss själva i fokus under resans gång och säkerligen kommer denna kunskap visa sig mer användbar i våra

1

liv än en katalog över de skillnader i förståelse som kan tänkas finnas mellan världens miljontals religionsutövare. Vi siktar mot det högsta som varje religion har att erbjuda och låter oss inte distraheras av vår nyfikenhet på detaljer i andra människors liv. Samtidigt måste vi komma ihåg att denna introduktion måste få vara förenklad.

Det första vi måste betänka är att religion handlar om och genomsyrar livets alla aspekter och är därför rikare och mer komplex än vi någonsin kan föreställa oss.

För det andra måste vi vara medvetna om att våra egna attityder och övertygelser färgar vår undersökning av andras. Det är därför väsentligt att vi börjar med att försöka klarlägga vad vi själva har för antaganden och ståndpunkter, som studenter, uttydare och upplevare av religion.

VAD ÄR RELIGION?

Innan vi undersöker en specifik religion måste vi börja med att fundera över vad religion är och vad det inte är. Även om vi säkert kommer att vara bättre skickade att svara på den frågan när vi kommit till slutet av den här boken, så kan det vara mödan värt att redan nu göra ett försök.

När vi säger att Jack är sant religiös och att Mary inte är det, vad menar vi egentligen? Jag tror att vi menar att Jack har en idé eller snarare en känsla av en kraft eller intelligens, i någon mening övermänsklig, som styr över hans lojalitet, lydnad, tillbedjan och kanske hans kärlek. Det räcker inte för Jack att växa upp till en fullvärdig vuxen människa, att ha en trevlig familj, sköta sitt arbete, njuta av fritiden och ha ett gott uppförande; nej han är i behov av att ge dessa förträffliga ambitioner en stomme av universell mening. Han vill relatera varje liten bit av sitt begränsade mänskliga liv till någon form av stort och övermänskligt liv. Se sig själv som del av något stort eller allomfattande helt eller kanske till och med att vara ett med denna helhet.

Han gör därför sitt bästa (vilket kan vara mycket eller lite) för att hålla kontakt med detta gudomliga något eller någon. Denna hans strävan innefattar vanligen också vissa fromhetshandlingar, för att få tröst och styrka och därigenom vidmakthålla kontakten med det gudomliga. Detta är i stort sett vad vi menar när vi säger att Jack är sant religiös.

När vi säger att Mary inte är religiös, menar vi att hon mer eller mindre saknar detta. Hon delar inte alls Jacks känsla. Hon kanske vagt förnimmer existensen av något bortommänskligt, men inte till den grad att hon söker kontakt med det, och definitivt inte till den grad att hon gör detta till något centralt som hennes liv kretsar kring.

Du kanske redan nu ser dig som Jack, som är religiös, eller Mary som inte är det, eller kanske mest troligt—som en kombination av dem båda. Ha dock ingen brådska med att bestämma dig. Vissa varianter av religion liknar ingenting annat och vissa varianter av brist på tro, eller regelrätt ateism, ter sig underbart religiösa, även för dem som praktiserar dem. Det krävs faktiskt en hel del ärlig självkännedom för att klarlägga hur religiös eller icke-religiös man verkligen är. Denna skrift kan kanske vara dig behjälplig.

RELIGION ÄR INTE SAMMA SAK SOM ATT VARA GOD

Låt oss försöka bli klara över vad religion inte är. För det första: Det är inte samma sak som moral. Det handlar inte om att vara god eller att utföra goda handlingar. Det finns många ateister som varit utomordentligt dygdiga och det finns många genuint religiösa som varit exempellöst ondskefulla. Detta innebär inte att religionen inte skulle bekymra sig om våra handlingar. Självklart gör den det. Straffskalan är faktiskt strängare än vad både natur eller samhälle tillämpar för lagöverträdare. Vad värre är—dåligt uppförande såväl som vanligt respektabelt självintresse kan rubba vår relation till det gudomliga och få oss att känna oss svaga, ensamma och eländiga.

Religion är inte bara en fråga om hur vi agerar utåt, utan handlar också om vår inre attityd, den orientering som styr våra handlingar. Både Jack och Mary kan exempelvis göra exakt samma sak på exakt samma sätt, som t.ex. att riskera sitt eget liv för att rädda ett drunknande barn. Ändå kan deras bevekelsegrunder vara helt olika. Mary kanske agerar utifrån en känsla av social plikt eller humanitär lidelse, medan Jack handlar utifrån motiv som saknar betydelse för Mary. Han handlar utifrån kärlek till Gud, av vilket följer kärlek till dem Gud skapat, eller till och med identifikation med dem. Jack kanske upplever att han är barnet som håller på att drunkna.

RELIGION ÄR INTE SAMMA SAK SOM ATT TRO PÅ GUD

Ordet *Gud* för oss till nästa misstag, som människor är benägna att göra, nämligen att religion nödvändigtvis måste innebära tro på en personlig gudomlighet, eller ens en gud överhuvudtaget. Faktum är att man kan finna djupt religiösa människor överallt, som inte erkänner en gud liknande kristendomens himmelske fader. Detta gäller exempelvis miljontals hängivna buddhister. Vi måste vara beredda på att andras idéer, både om det gudomliga och om verkligheten, kan vara så milsvitt skilda från våra egna, att vi tenderar att avfärda andra som hedningar, även fast deras tro kan vara lika djup som vår, till och med djupare. Om vi skulle studera religion utifrån övertygelsen att endast vi känner Gud, och att människor med annorlunda hudpigmentering och främmande religiösa seder inte gör det, skulle våra studier vara bortkastade.

Faktum är att den mest universella religiösa intuitionen är en stark känsla av okunnighet om det gudomliga—en stark känsla av att existensen är fundamentalt mystisk, en övertygelse att den ultimata verkligheten eller själva existensens källa är totalt ovetbar, om vilken inget vettigt varken kan tänkas eller sägas. I stället för att försöka fånga *mysteriet* i en behändig religiös formel, måste vi hålla till godo med att ödmjukt tillbedja och förundras.

Om du skulle råka känna på samma sätt, om du skulle tycka att ditt eget varande eller existensen av allt över huvud taget, är ett mirakel som borde vara omöjligt, men som på ett eller annat sätt ändå kommit till stånd och är mer förvånande än du någonsin egentligen kan föreställa dig—då har du kommit nära hjärtpunkten i den religiösa erfarenheten—alldeles oavsett om du finner ro i någon specifik religiös tradition eller inte. På sin högsta nivå—så säger de vise och de stora andliga lärarna—är den religiösa erfarenheten inte att veta något, utan vara ovetande om allt—ett tillstånd av förundran, öppenhet och klarhet, som för den oinvigde kan likna ren tomhet.

RELIGION ÄR INTE SAMMA SAK SOM ATT GÅ I KYRKAN

För det tredje: Religion förutsätter inte att man besöker vare sig kyrkor, moskéer eller tempel, inte att man är medlem i någon viss organisation och inte heller att man utövar specifika ritualer. Det är visserligen sant att de flesta religiösa människor gör just sådant, men det gör å andra sidan också många icke-religiösa människor utifrån konventionella bevekelsegrunder. De anpassar sig ytligt till vissa seder, men är i sitt inre inte alls religiösa.

Religion handlar i grunden om religiös erfarenhet, en levande medvetenhet som går bortom det konventionellt mänskliga, som sätter oss i förbindelse både med livets källa och öde. Vi räddas från den temporära trivialitet som livet annars verkar vara. Om du redan råkar värdesätta denna medvetenhet, förstår du redan vad som menas, även om ingen egentligen kan beskriva den. Om du inte värdesätter den så kommer ingenting som här sägs frambringa den i dig. Den måste få komma fram på sitt eget vis inifrån dig själv när tiden är mogen. Den här boken kan hjälpa dig att uppenbara den aspekten i dig själv—din potential för religiös upplevelse. Jag tror inte att någon människa är helt utan en religiös känsla, även om många i vår tid oftast undertrycker den.

RELIGION OCH VETENSKAP

En av anledningarna till vår tids likgiltighet inför religion är att vetenskapen, som i vissa avseenden har blivit en form av ersättning för religion, tycks stå i strid med de dogmer som vi uppfattar som religiösa. Det verkar som om vi har att välja mellan att antingen vara religiösa, och därmed omfatta en sedan flera sekel föråldrad världsbild, eller att vara vetenskapligt orienterade och därmed irreligiösa. Många människor i vår tid finner det senare alternativet som det enda intelligenta. De anser att vetenskap och exempelvis kristendom inte är förenliga och väljer därför vetenskapen— kanske med viss sorg och med många längtansfulla tillbakablickar på sin enkla barnatro. Genom att förkasta barnatron till förmån för vetenskapen, eller mer exakt, de tidiga förställningarna om kristendomen framför en mer mogen vetenskapligt grundad uppfattning, förkastar nästan alla religionen helt. Som vi ska se är detta skenbara dilemma både ologiskt och onödigt.

ATT FINNA SIN EGEN RELIGION

När allt kommer omkring kanske skillnaden mellan religiöse Jack och icke-religiösa Mary inte är så stor. Marys invändningar kanske inte gäller religion som sådan, utan kanske bara en speciell version— den tradition som hon råkar ha fötts in i. Kanske finner hon det hon söker i en annan religion eller i ett nytt perspektiv på sin gamla tradition, något som ger henne en säker känsla av sanning—utan att avkräva henne att tro på något som hon finner osant eller främmande och i strid med hennes egna erfarenheter. Bara för att ett barns livsomständigheter formas av tillhörigheten till en familj och ett samhälle, som kan vara kristet, judiskt eller muslimskt, är det inte självklart att det måste förbli så, att hon måste leva och dö med just den tron.

Många västerlänningar har under det gångna århundradet i ökande omfattning upptäckt att de är "naturliga" buddhister eller hinduer, med större sympati för österländsk tradition än den de föddes in i. Naturligtvis är detta en process som sker i båda riktningarna. Ett stort antal österlänningar har funnit sina "naturliga" religiösa trosfränder i någon av de västerländska traditionerna. Man skulle kunna säga att vissa människor verkar finna sin rätta natur, bara genom att överskrida de gränser som deras barndoms samhälle och kultur satt. En del verkar till och med söka sig bortom gränserna för traditioner över huvud taget och betraktar sig som icke klassificerbara, men senare kanske återvänder för att utforska sina föräldrars tro med en helt och hållet ny förståelse och med en ny förmåga att uppfatta det väsentliga i den. Den som ärligen studerar andra religioner inifrån och med verklig medkänsla, upptäcker faktiskt att på sina högsta nivåer och i sina innersta essenser, förmedlar de olika religionerna samma budskap, men i olika "tonarter".

I varje kapitel i denna bok blir vår uppgift att utforska just detta budskap utifrån olika specifika perspektiv, så att vi kan känna igen det och kanske också ta det till oss. Låt oss försöka det omöjliga, att med några enkla meningar sätta ord på den högsta universella lärdomen.

Det skulle kunna sägas så här:

Det finns en Odelbar Verklighet

En och endast En, Källan till alltings Varande

Varken ett ting eller en tanke

Ren Ande eller upplyst Medvetande

Vi är Detta och inget utom just Detta

Detta är vår sanna Natur

Det enda sättet att finna detta budskap är att leta inåt, där den yttersta friden, den varaktiga glädjen och evigheten bor.

I den här boken kommer vi att kalla denna erfarenhet mystisk. Med den termen menar vi ingenting ockult, övernaturligt eller klärvoajant, och den har heller inget att göra med höjdpunkter i livet som förälskelse eller andra former av lyckorus, som vi då och då kan uppleva. Tvärtom avser vi den oföränderliga uppmärksamhet, den enkla klarhet, inom vilken allt upplevande äger rum.

Inom alla religioner finns en stor och varierad samling sägner, läror och sedvänjor, en del folkliga, en del prästerliga, som gör att den religiösa upplevelsens centrala kärna skyms och ibland helt sonika förnekas. Där i religionens utkanter, på de lägre nivåerna av ackumulerade traditioner, skiljer sig naturligtvis de stora trosinriktningarna enormt från varandra. Vissa kritiker menar till och med att traditionerna sinsemellan är så olika, att budskapen upphäver varandra och att den religiösa impulsen därigenom förvandlas till rent nonsens. Men dessa kritiker talar inte om religionens hjärta.

Hade de gjort det, skulle de upptäcka att det centrala i varje enskild religion, är det centrala i alla religioner.

Det är ändå sant, för de flesta av oss, att det är en viss religion som är lättast att ta till sig, den *naturliga vägen* in mot upptäckten av vår *sanna natur*. Vi kanske finner att en viss tradition har nyckeln till existensens mysterium, ger världen mening och utgör den ledstjärna, som stakar ut våra liv. Genom att undersöka världens religioner med ett öppet sinne och i en generös anda, får vi möjlighet att finna vår *egen väg*.

Det ger oss möjlighet att bekanta oss med helgons och vise mäns finaste intuitioner. Men framför allt kommer det hjälpa oss att upptäcka något viktigt om oss själva, eller som de vise säger, det enda *sanna självet*. Även om vi till slut ändå förkastar alla religioner, utom den vi föddes in i, kommer vi åtminstone kunna se den tydligare än innan.

DET NÖDVÄNDIGA I ATT STUDERA ANDRA RELIGIONER

"Vad vet de om England, som bara England vet?" frågar skalden. Vi kunde också fråga: "Vad vet de om kristendomen, som bara kristendomen vet?" Eller vad vet de om judendomen, islam eller vilken annan tradition som helst, de som inte brytt sig om att leta annorstädes? Svaret är, mycket lite. Vare sig du är en övertygad kristen, eller tillhör vilken annan religion som helst—och är förvissad om att så förbli—så bör denna skrift kunna hjälpa dig att ta din övertygelse på allvar och uppskatta den än mer, om du jämför den med andra trosinriktningar.

Det finns naturligtvis en risk i att våga skåda så långt i fjärran. Du kanske upptäcker en meningsfull aspekt av "sann" religion i en "hednatro". Du kanske till och med slutar kalla dig kristen (det var hur som helst den som grundade kristendomen som lovade att *sanningen gör dig fri)*. Varje tro som inte tål undersökning och jämförelse är sannerligen inget att ha. Den största risken är dock att du tillsammans med din barnatro, förkastar allt vad religion heter. Nåväl, även om detta skulle innebära att du slutar låtsas vara troende och blir ärlig mot dig själv—även vad gäller ditt tvivel, (dock utan att stänga dörren till fortsatt sökande)—är du att gratulera!

Många av oss måste gå igenom en antireligiös fas innan vi kan byta ut den religion vi råkat ärva, mot den tro som verkligen är vår egen. Vad vår agnostiska eller ateistiska Mary beträffar, kommer hon säkert närmare den sanna religionens anda än den hycklare som glatt läser böner och trosbekännelser utan att tro ett enda ord och utan att vägledas i sina gärningar. Detta under förutsättning att hon är ärlig och har ett öppet sinne, och inte är anti-religiös bara av princip och därmed minst lika vidskeplig som någonsin en religiös fanatiker. Religion kan faktiskt beskrivas som en kompromisslös och bibehållen ärlighet vad gäller de yttersta tingen—inbegripande ärlighet mot sig själv. Formell religion, när den är som värst (anti-religion klädd i fromma kläder), är däremot total ohederlighet. Jämförande studier av religion kan ge oss kunskap och förmåga att göra denna distinktion. Med hjälp av jämförande studier får vi i varje enskild tradition bekräftat vad som är bäst—och avslöjat vad som är sämst.

Men det gäller för dig att dra dina egna slutsatser, dina egna förstahandsslutsatser i en orädd och ifrågasättande anda, med enda målsättning att upptäcka fakta, även om de skulle visa sig vara obekväma. Min uppgift blir att beskriva de stora religiösa traditionerna, dess läror och vilka religiösa erfarenheter de beskriver och befrämjar.

I gengäld blir det din uppgift att avgöra hur giltigt allt detta är för dig, om det fungerar för just dig. Det vore inte bra att gå efter vad jag säger, eller vad dina vänner säger, inte heller vad din präst kan tänkas säga, eftersom andra människor kommer att berätta helt andra historier. Detta gäller såväl präster som lekmän. De enda verkliga experterna är de stora mystikerna, helgonen och de vise, som verkar ha en förvånande samsyn, åtminstone om det som de är ense om att man överhuvudtaget kan beskriva.

RELIGION OCH SJÄLVKÄNNEDOM

Du måste själv bestämma dig. Vid en första anblick kan det vara svårt att komma fram till några slutsatser, eller ens att få något alls att stämma, i detta mysteriösa sammanhang. Men om du har lite inre liv och företagsamhet i dig, kommer du säkert att vilja undersöka vad du verkligen är, var du kom ifrån, vart du är på väg och vilken mening ditt liv kan ha. Om du inte är nöjd med att likt djuren leva ett oreflekterat liv, utan i stället har modet att möta det förbluffande mysterium som är du själv, medan du ännu lever och i stånd att göra så, kan du bara inte misslyckas.

Att bara fråga sig själv, uppriktigt och enkelt, den avgörande frågan *Vem är jag?* innebär att förändra sitt liv; att sätta igång en andlig process, som blir totalt omvälvande. Frågan kan verka lite underlig, och till en början även lite skrämmande, men den kommer att växa i dig och snart växa till en ny insikt. Det är här som religion kan vara till stor hjälp—eller ett enormt hinder. Det finns faktiskt två typer av religiös orientering. Den första motverkar självinsikt och låser in oss i skenhelig formalism och den andra leder oss vidare mot ändlöst experimenterande och självinsikt. Det är bara att välja.

OM NÖDVÄNDIGHETEN ATT VÄLJA

Att utveckla en religiös orientering som passar oss är bland det viktigaste vi har att göra i livet. Visst är det lite underligt, att när vi ska välja ny klänning eller kavaj, så gör vi oss en hel del besvär och skulle inte komma på tanken att välja första bästa plagg vi får syn på. Men när det handlar om ramar som ska vägleda oss i våra liv, väljer vi de som råkar finnas till hands utan ringaste eftertanke. Nästan alla övertar och för vidare sina föräldrars tro. Det var kanske en naturlig sak förr i tiden. Då fanns få möjligheter till jämförelser med andra religioner, ofta inte kunskap om att de ens existerade. Men nu, tack vare forskare som översatt heliga skrifter och läror från de olika traditionerna, kan vi faktiskt välja.

Varför inte göra det? Denna kapacitet, som också kan kallas ansvar, att utforska och välja från ett så vidsträckt fält, är en av de största fördelarna med att leva i den moderna eran, med möjlighet att för första gången i historien tillerkänna sig ett världsmedborgarskap. Du kan söka—och finna—andliga släktingar och vänner var som helst. Det bästa med denna nya möjlighet är att religiöst upptäckande också är ett *självupptäckande,* med stöd av de stora mästarna. Ett sådant förhållningsätt innebär ansträngning. Du kommer kanske att finna det nödvändigt att läsa vissa avsnitt i den här boken mer än en gång, men ett enkelt och ärligt sinnelag, som varken baseras på kunnighet eller vetande, är nyckeln i denna strävan. Dess syfte är inte att ackumulera kunskap för kunskapens egen skull utan för att finna en väg till ökad medvetenhet om hur—och varifrån—ditt liv är orienterat.

KAPITEL 2: HINDUISM

Några har aldrig hört talas om Självet, några har hört talas om Det men inte funnit Det.

Den som finner Det är ett världens underverk, den som förklarar Det är ett världens underverk, den som ärver Det av sin mästare är ett världens underverk.

De vise som mediterar över Gud, koncentrerar sina tankar, upptäcker i grottans öppning, djupare in i grottan att Självet, detta urgamla Själv, så svårt att föreställa sig och ännu svårare att förstå, går bortom glädje och sorg.

Ovanför den manifesta naturen finns det icke manifesta utsädet. Ovanför det icke manifesta utsädet finns Gud. Gud är målet och bortom Honom ingenting. Gud definierar sig inte själv. Han är allas hemlighet.

Den som känner det ljudlösa, doftlösa, det som är utan smak, det oberörbara, det formlösa, det som aldrig dör, det överjordiska, det som inte förfaller, det som är utan början, utan slut, oföränderlig Verklighet, slipper ut ur Dödens käftar.

Gud gjorde sinnena vända utåt, därför ser människan utåt, inte in mot sig själv. Då och då har en modig själ som sökt odödlighet riktat blicken inåt och funnit sig själv.

Sinnet säger att det endast finns en Enhet. Den som delar upp denna Enhet, vandrar från död till död.

Han är Enheten, Härskaren, alltings Själv, Skapare av många ur ett. Den som vågar upptäcker Detta inom sig, gläds; vad annat vågar glädjas?

Han är det odödliga bland tingen som dör. Allt levandes liv. Fastän Han
är En, tillfredställs varje människas begär. Den som vågar upptäcka
Honom inom sig, känner frid; vad annat vågar känna frid?
Intet öga kan se Honom, inte heller har Han ett ansikte som kan ses,
ändå kan han genom meditation och genom disciplin hittas i hjärtat.
Den som finner Honom träder in i odödligt liv.

Katha Upanishad (8—7-hundratalet f. kr.)

INDIEN FÖRE ARIERNA

Vår berättelse om de stora religionerna börjar i historiens gryning
i Indien omkring två tusen år före Kristus. Denna vidsträckta och
heta halvö, mer en kontinent än ett land, som sträcker sig från det
snöklädda Himalaya i norr till den tropiska ön Sri Lanka i söder, var
bebodd av olika folkslag.

En del av dem var teknologiskt relativt primitiva, en del var mer
utvecklade och levde i stora städer. Förmodligen levde majoriteten av
jordbruk och befann sig någonstans mellan dessa kulturella extremer.

Vår kunskap om deras religion är bristfällig eftersom vi ännu inte
har lärt oss att tyda deras skrifter. Det är troligt att deras religion
var mycket lik de primitiva kulturers religion som idag fortfarande
lever kvar på olika platser på jorden. Det innebär att den antagligen
omfattade ett flertal strikta regler, riter och ceremonier, med syftet att
hålla sig väl med de nyckfulla makterna—olika andeväsen, osynliga
gudar, smågudar och demoner. Dessa antogs vara ansvariga för allt
som hände, särskilt för sjukdomar, katastrofer och död men också

för bördighet, för boskap och för familjen. Det kunde t.ex. vara nödvändigt att blidka förfädernas andar genom att regelbundet offra smakfulla maträtter under ett visst träd; annars skulle de visa sitt misshag genom olika febersjukdomar eller andra olyckor för familjen. Det kunde vara nödvändigt att påminna regngudarna om deras uppgift genom att stänka vatten på marken, eller kanske t.o.m. offra ett av de finaste husdjuren för att hedra dem. Typiskt är offrandet av blod från både djur och människor.

Religion av det här slaget fördunklas av magi och magin utvecklas till sedvänjor. Dessa är exempel på det *rätta* beteendet—den *rätta* religiösa handlingen. Den magiska handlingen som t.ex. att bränna fienders avklippta hår, är rätt för att man tror att det gör fienden svag. Det ofta förekommande bruket, att tänja ut eller pressa samman eller dekorera kroppsdelar görs för att behaga gudarna.

Självklart fanns alla dessa godtyckliga måsten och icke-måsten som styrde vad man skulle äta, hur man skulle klä sig och vad man skulle göra med sin tid från barndomen till döden. Lika självklart tycker vi idag att allt detta är mycket ociviliserat och irrationellt. Gud ske lov har vi befriat oss från denna hemska sociala tyranni—eller har vi det?

I det tidiga Indien, som på andra platser, var religionen en slags sofistikerad teknologi i den meningen att den avsåg att få människor att göra det rätta och på rätt sätt, för att få favörer från makterna, vilka de än må vara, och för att undkomma deras vrede.

Helt uppenbart var den här typen av religion en slags *försäkringspolicy*, men den var också mer; den utövades också tillsammans med dyrkandet av mer värdiga och universella gudar,

17

som inspirerade till tacksamhet och kärlek, vars mysteriösa närvaro kunde kännas på speciella platser som ett heligt berg eller en flod, och vid särskilda tider för fest och glädje. Dessutom fanns det åtminstone ibland någonting annat, en känsla av vördnad och förundran inför det totala mysteriet. Det handlade inte om underkastelse, inte ens om att dyrka de stora välkända gudarna som de beundrade, utan om vördnad inför det *okända* som försatte dem i ett tillstånd av okunskap och yttersta ödmjukhet. Min gissning är att även innan människans språk fullt hade utvecklats så fanns det enstaka män, kvinnor och barn som kände den *närvaro* som språket till en början inte kunde beskriva.

ARIERNA OCH DERAS GUDAR

Alltnog, omkring 2000 f. kr. invaderades Indien. In i detta delvis civiliserade land bestående av djungler och öknar och de vidsträckta floderna Indus och Ganges, vällde från nordväst, ifrån det vi idag kallar Iran och Afghanistan, vågor av ett folkslag som kallade sig för arier eller de nobla. Deras språk, som i dag är känt som sanskrit, är nära besläktat med latinet, grekiskan och med de germanska språken. I själva verket är de flesta språken i västvärlden deras släktingar. Med detta i minne kan vi kanske lättare sympatisera med deras enastående idéer och trosuppfattningar och förvisso hade de en begåvning för den religiösa erfarenheten. Tveklöst tillhörde deras religiösa beteende en uråldrig typ av *försäkringspolicy* som syftade till att blidka de osynliga makterna, som bakom scenen kontrollerade händelser på sitt eget sätt. Men dessa ljushyade inkräktare, som blev kända som hinduer när de väl hade etablerat sig i Indien, dyrkade också storslagna kosmiska gudar som Agni, eldens gud, Varuna, rymdens gud (dessa ord på sanskrit är ursprung till våra ord "gnista" och planeten "uranus"), Brahman, skaparen, Indra, regnets och åskans gud, Rudra, stormens gud samt gudarna för sol, måne, gryning, luft, vatten osv. Man uppfattade det som nödvändigt att behaga dessa oerhört mäktiga väsen genom att offra till dem på rätt sätt när man satt runt lägereldarna. Ett särskilt yrke eller en kast, som kallades braminer, vigdes för denna uppgift. För att försäkra sig om att solen alltid gick upp, att de årliga regnen kom i tid, att risskörden blev riklig, att boskapen blev talrik, att friska söner föddes som kunde föra familjenamnet vidare måste de himmelska härskarna åkallas, smickras och mutas genom den uppstigande doften av brända offer och det ljuvliga ljudet av hyllningshymner av lovord och tacksamhet. Det är värt att notera att dessa gudar var förvånansvärt lika oss människor i sina krav på gåvor och uppmärksamhet och i deras förödande vrede om dessa gåvor uteblev.

VEDASKRIFTERNA

Det här var en religion som inte enbart baserades på fruktan för gudarna och en önskan om deras välsignelse. Den gav upphov till Vedaskrifterna, som är en lysande samling av religiös poesi bestående av hymner och böner tillägnade gudarna. Utöver from tillbedjan är mycket i denna poesi en äkta lovprisande beundran och ett uttryck för glädjen och förvåningen hos den som känner att universum till fullo är vänligt, meningsfullt, vackert, ofantligt, magnifikt och gåtfullt.

Naturligtvis kan man avfärda dessa kosmiska gudar som enbart poetiska fantasier. Men jag vill påstå att det finns ett värde i deras sätt att uppfatta universum som en plats fylld av mening, liv och medvetande. Detaljerna må tillhöra sagornas värld, men den bakomliggande idén är värd att beakta.

I alla avseenden förenar denna uppfattning mänskligheten. Den förenar dig och mig med universum. Moderna västerlänningar är benägna att tänka på sig själva som lösa objekt, som vore de inkastade i ett meningslöst, dött och likgiltigt universum, som i praktiken är fientligt till allt vi håller kärt. Vi känner oss helt enkelt inte hemma, som vore vi oavsiktligt fångade i en enorm känslokall maskin.

Vad har vi för verkliga belägg för ett sådant synsätt? Varför upplever vi oss själva som en begränsad individuell organisk helhet och inte likt hinduerna, att universum, människokroppen, människosjälen och den religiösa upplevelsen, är en organisk helhet?

Trots allt har den moderna vetenskapens framsteg inneburit en framväxande insikt, att allt i tillvaron är sammanlänkat. Något som i högsta grad också inkluderar oss själva. Vårt universum är odelbart *Ett,* ett enda organiskt sammanhang. Man skulle kunna säga, den enda kompletta organismen, långt från att vara endast lösryckta delar. Eftersom vi i första hand värderar en organism, som t.ex. en rosenbuske, genom dess blommor och inte genom kunskap om dess frön eller rotsystem, bör vi då inte också värdera hela vårt organiska universum genom skapelsens krona, människan? Än bättre, kanske genom de vise och helgonen, de som framlever livet i sin intuition av universell *helhet*. Om vi känner att detta synsätt är avlägset från våra egna liv, så kanske vi någon gång ändå upplevt ögonblick, när till synes slumpmässiga saker plötsligt faller på plats och en övergripande ordning lyser igenom. De indiska vise vittnar om likande upplevelser—kreativa ögonblick där allt faller på plats och förblir.

HINDUISM ÄR INTE POLYTEISM

När den vaga känslan av kosmisk enhet med tiden blev medvetandegjord av Indiens vise män och helgon, så blev den tydligare. Känslan av en allt överskuggande enhet sammansmälte med, snarare än avskaffade Indiens otaliga gudar och gudinnor. Genom att förenas med denna enhet *Det, Honom, Henne* (inget av dessa pronomen passar egentligen) så blev de aspekter av den gudomliga naturen. Om de inte förenats med denna enhet, så skulle de i praktiken ha försvunnit helt.

De senare delarna av vedaskrifterna, också kända som upanishaderna, vittnar om att hinduismen på 500-talet f. kr. i princip blev monoteistisk (eller "trans-teistisk") med en Gud—en religion med *Den Ende* bortom alla begränsande representationer av Gud.

Det här påståendet kräver en förklaring eftersom de flesta av oss tänker på hinduismen som typiskt polyteistisk, en religion med otaliga gudar och halvgudar. Och det är sant att de flesta indier även idag befolkar världen med gudar och halvgudar och visar vördnad för deras avbilder. Men i praktiken liknar deras tro på många gudar kristendomens tro på en gud och en samtidig tro på änglar, djävulen och på treenigheten. Indien är nog i själva verket ursprunget till idén om det absolut *Enda,* en gud som är så allsmäktig att han inte bara styr världen utan de facto är världen och allt som är i den, inklusive alla gudar och gudinnor och smådjävlar, människor och ting.

Han är *Allt.* Det finns ingen annan makt. Allt som existerar, existerar endast i honom eller som en aspekt av *honom.* Han är ensam *Den Ende.*

HINDUISM ÄR INTE PANTEISM

Det här betyder inte att hinduismen är en slags panteism, ett religiöst perspektiv som antyder att Gud är alla fragment av universum var för sig. Som att den här biten papper är lika gudomlig som du och jag, som Gud själv. Nej, han är inte delarna som delar utan vad de tillsamman bildar. Eller snarare, vad de är i sin odelade helhet. Du är inte dina tånaglar, din hand, din fot eller ditt huvud. Du är enheten som dessa tillsammans med övriga organ omsluter. Du överskrider alla dina delar. Du är deras absolut överordnade, ändå kan du inte undvara någon av dem. Du är verkligen alla av dem. På exakt samma sätt är hinduernas Gud högt över alla varelser och saker som lever, rör sig och har sitt varande i hans kropp. Du och jag är i en bemärkelse hans lemmar och i en sannare bemärkelse han själv.

Detta är mycket mer än bara en metafor, en pittoresk antydan om sanningen. För hinduismen i sin upanishadiska och högst kompromisslösa form finns det bara Gud, bara den här *enda verkligheten.* Men när man genom okunnighet och blindhet förlorat *honom* ur sikte så verkar han ha sönderdelats till dessa oräkneliga lösa delar där också du och jag ingår.

Det kan vara intressant att kontrastera den här idén om Gud som världens enhet med vår typiskt västerländska idé om Gud som skaparen av världen. De flesta av oss här i väst, förutsatt att vi tror på Gud över huvud taget, tänker på honom snarare som universums briljante, skicklige designer och ledare som står utanför sin skapelse. Vi gör en bild av Gud som skaparen och en bild av världen som något som han har skapat. Hinduerna tror på djupet att det inte finns något annat än Gud. Vad denna tro innebär, hur den fungerar i praktiken ska vi nu titta närmare på.

BRAHMAN DEN ENDE

Namnet på denne Gud som är *en,* som är *många,* som är *alla ting,* är Brahman (inte Brahma som är den Vediske skaparguden). Det är faktiskt vilseledande att kalla honom en gud, *han,* eller *hon* eller någon person över huvud taget. Inte heller är *Det* bättre eftersom detta opersonliga pronomen implicerar en supermaskin, ett själlöst ting. Kanske är det säkrast att helt enkelt använda *Den Ende.* De alternativa benämningarna som Den Oändlige, Den Absolute, Verkligheten, Alltet eller Gudomen kan passa om man använder alla tillsammans men inte om man använder endast en av dessa benämningar. Det odefinierbara kan inte definieras och den här enheten kan uppenbarligen inte beskrivas på ett riktigt sätt annat än genom dess delar.

Här i västerlandet upplever vi inte den här svårigheten på samma sätt. Här tänker vi för det mesta på Gud som Kärleken, Godheten, vår Skapare, Fader, Vän eller Tröstare. Här är det de fulländade mänskliga dygderna som ger oss nyckeln till det gudomliga. Gud är tänkt som en ideal person som är besläktad med allt som är bäst inom oss. Hinduismens Högste Brahman är inte alls så. Brahman är inte mer lik människor än han liknar djuren, inte heller är han änglalik. Brahman som *allt*, lika inkluderande som exkluderande det djuriska, det övermänskliga, det mänskliga, det onda liksom det goda. Brahman är lika olik allt detta på samma sätt som du är olik dina egna beståndsdelar och partiklar. Eller snarare, mycket mer så. Han är fullständig, fullständigt bortom och över allting. Det finns ingenting som liknar *honom*. Detta kan tyckas vara en allvarlig nackdel hos hinduismen jämfört med kristendomen eller judendomen vars Gud är tillräckligt lika oss för att göra kontakt möjlig genom böner, tillbedjan, kärlek och lydnad. Kontakt är inte bara möjlig den är naturlig.

Hur kan man börja komma i kontakt med en Gud som är fullständigt obegriplig, ofattbart mystisk och i verklig bemärkelse "ingenting"—eller inget ting—alls?

ATMAN ÄR BRAHMAN

Den fromme hindun hävdar att han gör det. Han insisterar, Brahman är opersonlig, icke-mänsklig, otänkbar. Men han insisterar också på att hela meningen med våra liv är att få innerlig kontakt med

Brahman. Hur är detta möjligt?

Egentligen säger han inte att vi måste få kontakt med Brahman utan att vi måste bli Brahman eller inse att vi redan är Brahman. Han ser sig själv inte så mycket som en del av Brahman utan som *helheten*. Den Högste Brahman finns överallt i världen i stort och som världens enhet. Den Högste Brahman är också fullständig och hel i alla dess delar, inkluderande dig och mig där han är känd som Atman.

Därav den berömda formeln från Upanishaderna *Du är Det,* vilket i klartext betyder: *Du som läser den här boken är Gud. Inte endast en liten bit av Gud* (fast i en något mindre sann betydelse är du det också) *utan hela det gudomliga Varat.* Denna formel på tre ord *Du är Det* är förbryllande, en stötesten, nonsens för de flesta av oss i västvärlden och vi skulle mycket hellre avfärda den som en orientalisk överdrift eller ren hädelse än att försöka förstå den. Emellertid är det den grundläggande idén, den stora intuitionen hos hinduismen och hos andra österländska trosuppfattningar som vi kommer att studera. Det är också ett sätt att ge uttryck för nyckelbegreppet och den centrala upplevelse som den här boken handlar om. Om du har tillgång till den huvudnyckeln så kommer alla dörrar att öppnas för dig.

Det låter så svårt! Hur kan du som så uppenbart är en man eller en kvinna vara Gud? Är inte själva idén en flagrant motsägelse, som att säga att dörrhandtaget på din ytterdörr inrymmer ditt hus eller att alla dina hjärnceller har dig inuti sig?

I själva verket är den här idén helt naturlig, enkel och lätt att förstå förutsatt att vi släpper våra fördomar och öppnar våra sinnen för den. Tänk igen på din kropp. Lägg märke till hur hela du finns i alla dess delar. När din hand berör den här boken så är det du som berör den. När dina ögon ser den här sidan så är det du som ser den och när din tunga säger "Jag håller med" så talar den för dig, det är du som talar—det är du ända nere från dina fotsulor och upp till din hjässas översta hårstrå. Du finns i alla delar av din kropp. Vad den känner, känner du och vad den gör, gör du och du är i juridisk mening ansvarig för alla delar av den.

Detta är det underliga. Det är en paradox. Varken din hand eller ditt öga eller din tunga eller dina fötter eller ditt hår är du. Distinktionen mellan dem och dig suddas aldrig ut, inte ens för ett ögonblick.

Du känner till allt detta därför att du alltid lever efter det utan att tänka på det. Du bara är sådan. Nåväl säger hindun, i själva verket är Gud sådan. Gud och du är byggda på det sättet så hur kan du undgå att förstå? Gud har två sidor, å ena sidan den yttersta allt omfattande *cirkeln,* vilken är hela alltet och å andra sidan det allra innersta allt uteslutande *centrum,* vilket är *du själv.*

Guds helhet är du som ditt verkliga *varande,* som essensen av alla varelser och som medvetandet som kan säga JAG ÄR och inte bara säga; jag är den här eller den där personen.

Kanske är det denna idé hos hinduismen om identiteten mellan Gud och Självet som framstår som mest absurd och provocerande för de av oss som är övertygade kristna. Men egentligen är det först och främst språket, sättet som den här idén är formulerad på som är problemet. Föreställningen i sig är ganska bekant. Bor inte den helige

Ande (som inte är en del av Gud men Gud Själv) också i den troende? Är det inte så att Ljuset lyser upp varje människa som föds till den här världen? *Inte jag, men Kristus som lever i mig,* säger Paulus.

Alla mystiska eller djupt levande religioner, har överallt och i varje tidsålder, förnekat att människan endast är människa och har gjort förverkligandet av det inneboende Självet, som också är Gudomen, till sin huvuduppgift. Den vise hindun säger samma sak som det kristna helgonet, men den vise hindun säger det oftare och mer kompromisslöst. Orden, betoningarna och stilen kanske skiljer men i huvudsak är de överens.

BEFRIELSE

För en hindu är den här föreställningen om Gud i dig och i mig inte bara en föreställning, den är hela poängen och anledningen att leva.

Både för honom och för oss är det troligt att det börjar som en intressant, men ganska vag känsla av upphöjelse. Men hans mål, om han tar sin religion på allvar, är att ständigt förverkliga den här sanningen med hela sin själ och sitt hjärta. Han vill inte bara förstå att hans verkliga natur på något vis är gudomlig. Han vill känna i sitt hjärta som Gud, vara helt säker på att han är Gud, alltid leva som sitt *gudomliga inre själv* och inte längre leva som det gamla mänskliga självet som bara tycktes innehålla det.

När en människa uppnår detta så kan hon sägas vara *befriad.* Hon får då åtnjuta en frid som övergår allt förstånd. Hon är inte ett offer för sina sinnesstämningar och känner inte någon oro eller rastlöshet. En som är befriad känner inte något beroende av någon eller av någonting och är förvissad om odödlighet.

Den vise är allt detta och mycket mer än detta, eftersom han till sist vet och ser vem han eller hon verkligen är, men sedd utifrån förblir den som är befriad, helt enkelt John eller Anna (eller Saroj eller Indira). Den inre berättelsen är helt annorlunda. Det inre varat är nu känt för att vara Atman, som är Brahman, som är *Det*.

Det är därför vi föds, det är meningen med våra liv, att se det kosmiska skämtet, att se igenom illusionen att du och jag bara är två separata människor bland miljoner andra, två avgränsade bitar av världen. Vi borde istället se att vi är fullständigt ett med varandra och ett med alla varelser eftersom var och en i verkligheten är *Alla* och gränslösa. Sammanfattningsvis, vi är födda till att bli *befriade*.

Att bli fri från att bara vara människa till att bli Gud. Hur förverkligar den fromme hindun detta storslagna mål? Det är inte lätt och det kan ta en hel livstid. För det första (och detta är tillräckligt svårt) så måste han hitta en värdig lärare, en guru vars försäkringar om *befrielse* han litar på och att bli antagen som dennes ödmjuke och lydige elev.

Han måste förbereda sig på att reducera sina ägodelar till ett höftskynke och några andra enstaka ägodelar och att ofta vara hungrig och frysa. Han måste lyssna vördnadsfullt på sin lärares undervisning. Han måste öppna sig för sin mästares kärlek och den subtila, smittsamma atmosfären av strålglans i vilken hans andlighet kan mogna. Framför allt måste han sitta i lotusställning, meditera i mästarens heliga närvaro, utan avbrott, tills målet är uppnått. (Lotusställningen med rak rygg, benen korsade i räta vinklar mot kroppen och händerna på knäna är naturligare för indier än för oss västerlänningar.)

MEDITATION ETT MEDEL FÖR ATT BLI UPPLYST

Om vad mediterar lärjungarna timme efter timme, år efter år sittande under ett träd eller i en grotta i Himalaya tillsammans med sin vördade guru? Allehanda djupa och vackra idéer? Nej, inte alls! Om han är seriös och lyckosam i sin uppgift så slutar han att tänka. Han tänker på ingenting alls! Eller snarare, på ingenting eller inget ting. Han vänder sin uppmärksamhet bort från alla tänkbara ting där ute, tillbaks till denna otänkbara *tomhet* som är fylld av dem. Han ser in mot sig själv, bortom sig själv in mot vad ingen annan kan se i hans ställe, nämligen vad det verkligen är att vara denna *tomhet* som *ser*.

Det han *ser* är ingenting, ingen kropp och ingen själ, inga tankar, inga ord och säkerligen inget mänskligt själv men däremot *det verkliga självet*, Atman som är den högste Brahman.

Jag skulle bli förvånad om du alltigenom gillar hans beteende. Förutom att hans handlande är onyttigt och själviskt i en värld där så mycket behöver uträttas, är det inte också fruktansvärt tråkigt och meningslöst att vända blicken inåt för att se och tänka på "ingenting?" Är han inte bara lat?

Lärjungen skulle förmodligen svara *Jag bryr mig om sanningen om Vem jag är och Vad som finns just här. Inom detta Jags natur och när jag tittar hitåt så finner jag inte den där ogenomskinliga avgränsade mänskliga saken som andra ser när de tittar hit. Jag finner (så att säga) en absolut klar spegel i vilken hela världen reflekteras. Denna spegel kan kallas det sanna Självet, ande, det rena subjektet, det inre ljuset, medvetandet, Atman, tomheten, frånvaron, ingenting eller vad du vill. Det märkliga är dock, att fastän jag ser detta klart så ser jag ingenting. All tristess, meningslöshet och själviskhet, ja alla livets tillkortakommanden försvinner och jag är till sist oändligt tillfreds.*

Detta klara *Själv-seende* är *befrielse* och det enda sättet att andligen på ett varaktigt sätt hjälpa andra (inte bara materiellt eller psykologiskt, där hjälpen ofta verkar vara ett hinder) är att hjälpa dem till detta *Själv-seende* och det enda sättet att göra det är att först befria sig själv. Då hjälper jag dem automatiskt, verkligen hjälper dem (inte bara gör dem bekväma). Jag hjälper dem helt enkelt genom att de ser detta *Själv-seende* och att vara detta *Själv-seende.*

Nåväl, har han övertygat oss eller är vi fortfarande benägna att förkasta detta? Ja, förkasta de sociala konsekvenserna av hela förfarandet även om vi inte förkastar förfarandet som sådant.

Vi fördömer inte den sanne konstnären som ägnar sitt liv åt att upptäcka den yttre världens skönhet även om det han finner framstår som otäckt. Inte heller fördömer vi den sanne vetenskapsmannen som ägnar sig åt att upptäcka sanningen, världens grundläggande struktur, även om upptäckterna skulle resultera i fruktansvärda förstörelsevapen. Varför ska vi då fördöma den sanne mystikern, lärjungen som ägnar sitt liv åt att upptäcka skönheten och sanningen hos den inre världen och hos medvetandet självt. Upptäcka mysteriet som finns inom både konstnären och vetenskapsmannen, för att inte tala om det som finns i deras världar? Är det så lyckat att förbise allt utom betraktaren?

Vad är det för mening att känna till allting utom sig själv? Det är frågor som lärjungen mycket väl skulle kunna ställa till oss. Vad skulle bli vårt svar?

Kanske vi fortfarande känner att hela det här förhållningssättet är onaturligt och osunt. Varför visar det sig så svårt för lärjungen att vända uppmärksamheten inåt, bort från den yttre världen in mot den verklighet som den yttre världen speglas i?

Varför är denna Atman, denna mystiska inneboende Gud eller inre ljus, bara uppdagad med stor svårighet och efter så mycket sökande? Jag tror att han skulle förklara att Atman tvärtom inte alls är främmande eller svår att se, utan fullkomligt naturlig och tydlig. Vad som gömmer Atman för oss är helt enkelt våra begär.

Vår uppmärksamhet är så fäst vid utsidan av saker som vi älskar, hatar, vill äga, fly från, att vi inte har tid för *Det,* som är det som uppmärksammar. Med blicken fäst där ute förbiser vi den som ser. Vi är inte intresserade av vad vi är, bara av vad vi har.

Fakta och särskilt detta centrala faktum *Jag Är* i vårt verkliga varande, angår oss inte. Vi vill ändra fakta; våra tankar och vårt mentala pladder är våra verktyg. Det första som en hinduisk lärjunge måste göra (om än förenklat) är att stoppa tänkandet, släppa alla ord och upphöra med att vilja förändra allt och istället blicka inåt. Där, påstår han, ser han Gud så fullständigt och med sådan prakt att han inte kan förstå hur han förut kunnat missa honom. Han ser verkligen den inre världen långt klarare än han någonsin såg den yttre världen.

Det är hans yttre scen som är förvirrad, overklig och dunkel jämfört med det klara *medvetandet* som innefattar den.

ETT EXEMPEL FRÅN MODERN TID

Låt oss ta ett aktuellt exempel. I södra Indien levde det nyligen en vis man som heter Ramana Maharshi (1879-1951) som på egen hand nådde självkännedom, ovanligt nog i en ålder av endast sjutton år. Han är nu vida känd för att vara en av de finaste företrädarna för indisk religion och andlighet. Här är några exempel på hans lära:

Endast JAG ÄR finns—inte Jag är det eller det, eller Jag är sådan eller sådan.

Var och en av oss är Självet och det är oändligt, ändå misstas kroppen för att vara Självet.

Du är inte i världen, världen är i Dig.

Bibeln säger: Himmelriket är inom dig. Om du betraktar dig själv som vore du endast din kropp så blir det ganska svårt att förstå detta påstående! Jag ser bara vad "Alltet" ser. Det är närvarande i allt.

Det finns inget nytt att vinna. Okunskap om Självet är roten till elände; kunskap om Självet skapar glädje …

Visdomen tycks i vardande, men den är naturlig och för evigt närvarande.

Allt detta (kanske du påpekar) är Maharshis tal om sina egna upplevelser. Vilka bevis finns det för att stödja och demonstrera för världen att detta inte bara är en slags vakendröm, eller flykt genom önsketänkande? Var han utåt sett mycket olik vanligt folk? Var han t.ex. någonsin sjuk, var han okänslig för smärta eller kunde han utföra mirakel?

Nåväl, konstiga saker hände runt honom men han insisterade på att det rörde sig om tillfälligheter och att det var bäst att ignorera dem, att "övernaturliga krafter" aldrig skall odlas eller användas för att dominera andra. Hur som helst, att se vad man verkligen är leder till att man ser vad ens värld verkligen är och det innebär att alltid "utföra mirakel" men i en helt annorlunda och ny betydelse. Inte heller är dessa mirakel mindre fantastiska för att de är fullkomligt naturliga.

Vad gäller sjukdom och smärta så dog Ramana Maharshi liksom några andra samtida indiska heliga män (Ramakrishna och Nissargadatta) i cancer. För dem fanns smärtan där, men av allt att döma så motsatte de sig inte smärtan det minsta. Den bara tjänade, som all upplevelse, att peka på *upplevarens* grundläggande frihet och avskildhet från smärtan.

Faktum är att heliga personer som Ramana Maharshi inte är intresserade av att vara olika andra människor eller att förbättra människonaturen, bara av att se att vår sanna natur inte är vår människonatur.

MAYA

Olik den stora majoriteten av samtida religiösa så har den seende hindun inte tid för mirakel av något slag. Mirakel tillhör den yttre synliga världen som döljer den underliggande *verkligheten*—den inre verkligheten är hans enda angelägenhet.

Om du skulle pressa honom på vad han egentligen menar med *verklighet* och varför den inre världen borde kallas verklig och den yttre världen jämförelsevis overklig eller illusorisk, så skulle han kanske svara så här: *Jaget* eller medvetandet är uppenbarligen källan och ursprunget till alla yttre saker och dessa saker är uppenbarligen fenomen eller förklädnader—färgfläckar, dofter, ljud, glädje, smärta—som alltid förändras, som inte har någon egen substans eller självständig verklighet i sig själva och skulle ögonblickligen försvinna om det inte fanns något medvetande som uppmärksammade dem.

De är spel, en lekfull produkt av *medvetandet* och är beståndsdelar i en ovanligt lång och välkonstruerad dröm. Med ett ord, de är Maya. Allt är Maya, eller illusion, betraktat separat och för sig själv. Ändå är allt verkligt om man betraktar det som oskiljbart från *Den Enda Verklighet* som skapar det.

Följaktligen är det ingen väsentlig skillnad mellan de "verkliga" grå elefanterna som man ser när man är nykter och de "inbillade" rosa elefanterna som man ser när man är berusad. Båda är Maya, verkliga som Skapade av medvetandet och overkliga som ting i sig själva. Vår uppgift i livet är att se Maya som Maya *Där* och källan till allt *Här*—och att aldrig blanda samman dem.

SOCIALA KONSEKVENSER

Du kanske finner den här filosofin om Maya obehaglig men den är förvisso inte dum eller absurd. Faktum är att många västerländska tänkare, mer eller mindre oberoende av österländskt tänkande, i sina teorier har kommit fram till i stort sett samma slutsatser. Skillnaden mellan dem och den indiske vise, är att den vise tar den här doktrinen på allvar och lever efter den men att västerlänningen inte skulle drömma om att göra det.

Du kanske med rätta frågar vilka de sociala konsekvenserna blir, om man tror att världen är Maya, en dröm som vi måste vakna upp ur? Det korta och enkla (alltför enkla) svaret är: Bedrövliga! Se på Indien som hon har varit de senaste tusen åren. Ett land där fruktansvärd fattigdom och skriande rikedom har levt sida vid sida. Där religionen har tolererat och även underblåst ett kastsystem med rigida sociala klasser med alla sina orättvisor och absurditeter. Där seriösa materiella framsteg och större sociala reformer först nyligen har blivit respektabla målsättningar.

Det är helt säkert sant att Indiens traditionella likgiltighet inför den yttre världen i grunden är bundet till hennes traditionella intresse för den inre världen. Om en religion värderas genom sina världsliga frukter eller sina storskaliga konsekvenser så är hinduism inte ett friskt träd. Nuförtiden är ett stort antal indier utbildade i västerländsk kultur och skulle hålla med om den bedömningen, till och med så mycket att de skulle vilja fälla hela trädet. De menar att traditionell hinduism, genom att avleda uppmärksamheten från bedrövliga omständigheter runt människor, in mot människan själv, mot observatören, är en av huvudorsakerna till detta tillstånd. De påpekar att hinduismen är en världsförnekande religion. Se på den värld som den har resulterat i!

Utan tvekan ligger det något i den åsikten. Men låt oss göra hinduismen rättvisa. För det första är det den vänligaste och mest toleranta av trosåskådningar. Främmande för att förfölja andra religioner har den levt i lycklig samexistens med dem och vanligtvis införlivat många av deras särdrag. (I själva verket har hinduismen inkorporerat många primitiva för-ariska kulter som ibland nästan motsäger dess grundläggande särdrag.) Den har inspirerat pacifistiska rörelser och icke-våld rent generellt och de flesta fromma hinduer är vegetarianer som motsätter sig slakt av djur.

Dess unika väsen och tradition har skapat en storslagen succession av sant upplysta helgon och heliga, kvinnor såväl som män, som skänkt tröst åt miljontals vanliga människor. Det är sant att många av dessa "vanliga" människor fortfarande är undernärda, illitterata och har undermåliga bostäder, men är de mindre mogna och mindre lyckliga än invånarna i New York eller Miami där statistiken över brott, skilsmässor och självmord talar för sig själva?

Utan tvekan vore det mest ideala att leva ett andligt liv som levs mot en bakgrund av materiellt välstånd. Kanske en dag i något lyckligt lottat land kommer det förverkligas. Vi har emellertid ingen anledning att slå oss för bröstet, det vore absurt. Vi är inte bättre än Indien, vi bara har det bättre—vilket inte är samma sak som att vara mer civiliserade.

PÅNYTTFÖDELSE OCH KARMA

Dessutom, för en ortodox hindu, som vi nu ska titta närmare på, är det trångsynt att alltför mycket bekymra sig över våra pågående liv. Han tror att målet för oss alla är *befrielse,* att upptäcka vår absoluta odelbarhet, och att detta tar många livstider att fullborda.

Så vi fortsätter att födas på nytt. Om vi är goda nog, kanske till en högre gudomlig livsform, om vi är onda kanske till en lägre, någon form av djur, ända tills vi till slut inser att det bara är ett spel och att vi faktiskt inte är separata själv utan allas *gemensamma Själv*.

Om du t.ex. i det här livet är en svältande bonde som uppfyller dina plikter, kan du mycket väl nästa gång bli född in i en rik köpmansfamilj med gott om möjligheter att ägna dig åt det andliga livet utan att hindras av världsliga bekymmer. Allt beror på dina meriter, på god Karma, som du har byggt upp genom varje sedesam tanke och handling sedan tidens begynnelse och som genom varje ond tanke och handling förminskas.

Det går inte att undvika konsekvenser av allt du gör, i detta livet eller i ett kommande. "Som du sår får du skörda"—denna religiösa varning har i Indien förts till sin logiska ytterlighet. Dess praktiska effekter på vårt handlande borde, på det hela taget, ha varit av godo. Hur som helst, antingen du tycker att de här hinduiska doktrinerna om återfödelse och Karma (som man kanske kan kalla en slags moralisk bokföring) råkar vara sanna eller hopdiktade, så är det verkligen ett djärvt och intressant försök att förklara de förbryllande och synbara ojämlikheterna och orättvisorna i våra mänskliga villkor. Dessa doktriner förser oss också med ett rimligt incitament till moralisk och andlig ansträngning oavsett varifrån vi måste starta och de förutsåg, åtminstone med två eller tre tusen år, vår berömda evolutionsteori.

Det är förvisso svårt att förstå hur de fungerar i detalj, men de understryker i varje fall fyra avgörande punkter: alla varelsers enhet, vår framtids beroende av vad vi gör nu, det universella målet av *befrielse* och de många vägarna till målet.

DE TRE VÄGARNA

De olika vägarna består traditionellt av tre huvudspår: *Karma, de goda handlingarnas väg, Bhakti, hängivenhetens väg och Jnana, självkännedomens väg.*

Den första är att endast göra sin plikt oavsett vad den är, lidelsefritt utan önskan eller förväntan på belöning. Denna lidelsefria attityd är givetvis inte lätt att upprätthålla, men den kan leda mycket långt på det andliga självuppgivandets och upplysningens väg. Den är i praktiken *vägen* för de miljoner människor som måste slita för brödfödan i sådan grad att det inte finns så mycket utrymme för andakt och meditation.

Den andra vägen är att vara hängiven en högre varelse, en gud, en avatar eller guru, som leder till total förlust av det personliga självet och underkastelse. (En avatar är en enastående och speciell manifestation av det gudomliga i mänsklig skepnad. Vi är alla gudomliga inkarnationer men i en avatar är det gudomliga mycket mer manifest. Krishna och Rama är hinduns mest omtalade avatarer och han kanske betraktar Buddha och Jesus som andra.)

Här är föremålet för tillbedjan Brahman; manifesterad i en speciell form eller person, eller något som lyfter fram en särskild aspekt.

Där finns t.ex. Shiva, en för-arisk gud som har blivit framträdande i den hinduiska gudavärlden och som ibland uppträder som förstöraren, andra gånger som fruktbarhetens ande (vars symboler är stiliserade sexualorgan som är välbekanta över hela Indien) och andra gånger som älskande och mild.

Han är föremålet för många hängivenhetskulter. På typiskt hinduiskt vis använder tillbedjarna bilder tillsammans med böner, musik, hymner, rökelse och offer av blommor och ris. För en utomstående kanske allt detta framstår som ociviliserad (eller till och med oanständig) idoldyrkan, men det är en fullvärdig väg till *befrielse.*

I själva verket så är det här massornas väg. Det finns mycket mer av denna hängivenhetens religion i Indien (där gudomen är konkret för tillbedjaren), än av det slag som det här kapitlet huvudsakligen handlar om, där målet är att komma till insikt om gudomen närmare än allt annat, som det *sanna självet.*

Detta självförverkligande är den tredje vägen, vetandets väg, att se *vem man verkligen är.* Detta är den fulländade vägen till vilken de andra leder när de närmar sig målet; den totala *befrielsen.*

De kristna kanske jämför Karma, *de goda handlingarnas väg,* med det protestantiska idealet att kärleksfullt tjäna mänskligheten, Bhakti *hängivenhetens väg* med de katolska kulterna, Jesu heliga hjärta eller den välsignade Jungfru Maria.

Jnanas väg eller *självkännedomens* väg kan också återfinnas i såväl kristendomen som i alla de stora religionerna, även om den ofta är förbisedd och mycket sällan har fullföljts.

LIVETS FYRA STADIER

Men det kanske är lika bra att den är sällsynt. Vad skulle hända om alla följde den här tredje vägen, sittande vid fötterna hos sin älskade guru tills ett klart *självförverkligande* inträffade? Vem skulle förse folket med mat? Hur skulle nationen och den mänskliga rasen överleva?

Egentligen är det som att fråga vad som skulle hända om vi alla vore sopåkare eller presidenter, vilket vore helt orimligt. Alla är inte sopåkare eller presidenter och kommer heller inte att bli det. Inte heller kommer alla bli anhängare av Jnana, självkännedomens väg.

Även i det religiösa Indien är det mycket få personer som har denna speciella känsla av kall, nödvändigt mod och outtröttlig beslutsamhet. Även om det andliga livet är det som verkligen betyder något, så har Indien sedan urminnes tider alltid erkänt behovet av en materiell bas för att livet ska kunna gå vidare.

Det urgamla traditionella idealet är att man ska ägna slutet av sitt liv helt åt sökande efter *självkännedom.*

Fyra stadier i livet kan urskiljas. Det första är barndomen och ungdomen som handlar om disciplin och utbildning. Det andra är vuxenlivet, där en av de första plikterna är att tjäna sitt uppehälle och bilda familj. Det tredje när det första barnbarnet är fött och när man ger upp allt världsligt, lämnar hem och familj och söker sin andliga ledare och stannar tills *självet* är funnet. Och slutligen, livet som en vandrande asket eller sanyassin utan egendom förutom ett höftskynke (och ibland inte ens det), en matskål, en bägare för vatten och *befrielsens* obeskrivliga glädje. Detta är det ideala hinduiska livsmönstret och allvarliga försök att leva enligt det förekommer fortfarande.

Även om de sista två stadierna är svåruppnåeliga så tror den sanne hindun i sitt hjärta att det endast är dessa som är tecknen på att ha lyckats i livet; att lyckligt sluta sina dagar som ett hemlöst, anonymt fattighjon. Det är så eftersom du till slut ser *vem du verkligen är*, att du är gränslös som himmelen och allt i universum är ditt. Du är oändligt mycket rikare än alla miljonärer tillsammans. I korthet, du har vunnit livets match.

Även om idealet mycket sällan förverkligas så skänker det värdighet och mening till många annars meningslösa och sorgliga liv. Det betyder en hel del att veta vart man är på väg, även om man färdas långsamt med många stopp och bakslag. Dessutom är det inte betydelselöst att veta, att vid slutet av kanske hundra liv så kommer man säkert att lyckas.

Ännu bättre skulle kanske en Jnani eller den som *ser Självet* tillägga, är att självförverkligande äger rum just här och just nu, om man bara kan se det.

Befrielse är inte att uppnå något, utan att se att allting redan är uppnått. Man behöver inte bli en bättre människa, bara inse att där man trodde att någon fanns, finns ingen utom *perfektionen själv*.

Det här fjärde stadiet i livet var inte bara målet för de andra tre, utan dess underliggande sanning. Du var redan från början *den lycklige vinnaren*.

Vi i västerlandet skulle kunna lära av detta traditionella hinduistiska betraktelsesätt om människans fyra åldrar, dessa fyra nivåer av uppstigande, som med åren tillförsäkrar oss ett mer utmanande och oändligt mer givande livsäventyr, att hög ålder är livets krona, ungdomens och medelålderns fullbordande.

Den österländska modellen står i kontrast till vårt typiskt västerländska livsmönster, som ser hög ålder som ett handikapp utan något eget särskilt syfte. I västerlandet är det en komplimang att säga att någon som är äldre ser yngre ut.

Hindun hyllar sina äldre för deras ålder och visar vördnad för dem när de gör vad som är riktigt för deras tid i livet, nämligen att vila i insikten att de egentligen inte är gamla människor—inte ens människor—att de i själva verket inte är något annat än Sat, Chit, Ananda vilket betyder Varande, Medvetande, Sällhet.

HINDUISM OCH MODERN VETENSKAP

Den stora frågan som återstår, för mig och antagligen också för dig, är om hinduernas väldiga upptäckt är sann, om upplevelsen av sig själv som ingenting alls håller måttet för en vetenskaplig undersökning. Finns det något sätt att testa den?

Förvånande nog föreslår de hinduiska skrifterna själva svaret på dessa avgörande frågor. För åtminstone 2500 år sedan upptecknades i Chandogya Upanishaden följande berättelse:

Uddalaka bad sin son att hämta en banyanfrukt.

"Här är den Herre", sade Svetakety

"Dela den!"

"Nu har jag delat den!"

"Vad ser du?"

"Dessa nästan osynliga frön
Dela ett av dem."

"Jag har delat det."

"Vad ser du där?"

"Ingenting Herre,"

Uddalaka sade: "Min son! Denna innersta subtila essens som du inte kan se, från just denna växer det här enorma banyanträdet upp. Tro mig min son! Denna essens finns i allt som existerar. Det är det Sanna Självet. Och du, Svetaketu, är Det!"

Uttryckt i moderna termer, så upplöses så kallade materiella objekt när vetenskapsmannen, eller vem det än må vara, närmar sig dem. Allt som verkar solitt reduceras till en förvrängd rum-tid och definitivt inte något materiellt objekt eller ting.

På två meters avstånd ser du mig som en människa. På noll meters avstånd från mig ser du ... Men du måste själv utforska och finna dina egna bevis för att verifiera eller falsifiera de visa hinduernas häpnadsväckande påstående: *Du är ingenting, ingenting annat än det där medvetandet som inkluderar alla ting.*

KAPITEL 3: BUDDHISM

Allt vi är, är ett resultat av vad vi tänkt. Det härrör ur våra tankar och är skapat av våra tankar. Om en man talar eller handlar med ont sinnelag kommer lidande följa honom som klövarna på djuret som drar kärran.

Allt vi är, är ett resultat av vad vi tänkt; det härrör ur våra tankar och är skapat av våra tankar. Om en man talar eller handlar med gott sinnelag, följer lycka som en skugga som aldrig lämnar honom. Hat upphör inte genom hat; hat upphör bara genom kärlek.

Det är den eviga lagen.

Uppmärksamhet är vägen till evigt liv, ouppmärksamhet är vägen till döden.

De uppmärksamma dör inte, men de ovaksamma är redan som döda.

Som bågskytten riktar sin pil kontrollerar den vise sin svårstyrda själ.

Dikesgrävaren leder vatten; bågskytten riktar sin pil; snickaren formar trä, den vise formar sig själv.

Den som förstår tingens overklighet och som inte samlat i ladorna, hans spår är lika osynligt som fåglars spår i luften.

Dödens Konung kan inte vidröra den som ser på världen som en hägring.

Se denna skimrande värld, denna kungliga vagn; dårarna imponeras, men den vise håller inte fast vid den.

Det är du själv som måste bemöda dig. Buddha pekar bara ut vägen.

De som valt vägen och som mediterar blir fria från illusionens bojor.

Ingen människa förs till Nirvana av ett dragdjur, bara egen övning för henne dit.

Dhammapada 5:e—4:e århundradet f. kr.

BUDDHISM EN UTLÖPARE TILL HINDUISMEN

Buddhismen, en av världens stora religioner, uppstod i det antika Indien som en utlöpare från hinduismen. Alla grundläggande idéer i hinduismen har mer eller mindre förts vidare av buddhismen. Strävan efter *befrielse*—buddhisterna kallar det *upplysning*—är densamma i båda religionerna. Om vi har förståelse för hinduismen kommer vi att inse att buddhismen är lika tilltalande. Och om hinduismens högre sfärer av metafysik och andlighet är lite för mycket för oss kommer vi att märka att buddhismen—även om den till slut når lika högt—är en synnerligen praktisk och saklig religion, som är begriplig och som kan användas i vardagen. Vi behöver inte ändra vår egen religion för att dra lärdomar från buddhismen.

Men buddhismen är långt ifrån bara en avknoppning från hinduismen. I sitt förhållningssätt, i sin "känsla" lika väl som i alla sina brokiga detaljer, står den i skarp kontrast till hinduismen. Den är en historisk religion, med en tydlig början och den har en upphovsman—Gautama, Buddha, en indisk prins från 600-talet f. kr. Hinduismen däremot växte fram ur generationers erfarenhet och saknar en andlig grundare. Buddhismen är universell, en världsreligion, en missionerande religion, som fredligt spridits till stora delar av fjärran östern under det att hinduismen förblivit märkbart indisk och därmed fastnat i det indiska samhällets gamla traditioner, som uppenbarligen inte är ägnade för export. Buddha motsatte sig ju det rigida kastsystemet som gjorde skillnad beroende på människors ras och klasstillhörighet. Han ansåg att kvinnor (vilka hinduerna tenderade att se på som andligt underlägsna) hade alla förutsättningar att nå *upplysning*. Dessutom, buddhismen är en måttfull religion, den tar vägen mellan asketism (eller självpåtaget kroppsligt lidande) och sensualism, där hinduismen tenderar att gå mot båda extremerna.

Framförallt, buddhismen är relativt odogmatisk, erfarenhetsbaserad, nästan vetenskaplig och talar till vårt sunda förnuft och kritiska förmåga. Istället för att säga vad vi ska tro, som hinduismen och andra religioner tenderar att göra, så kräver buddhismen av oss att nästan inte ta någonting för givet. Vi ska inte lita på någon yttre auktoritet utan pröva allt vi möter på vår väg. Buddha själv råder oss att vara vårt eget ljus, att inte söka stöd i en yttre tillflyktsort. Det är bland annat därför som buddhismen, trots att den funnits i 2 500 år, är så förvånansvärt modern. Av alla de stora religionerna är det den som passar den moderna vetenskapens skeptiska sinnelag bäst.

GAUTAMA BUDDHA

Prins Gautama växte upp som hindu. Hans far styrde ett litet land, i det som är dagens Nepal vid foten av Himalaya. Han gifte sig i sexton års ålder och fick en son. Livet var påtagligt skyddat i palatsets lyx och den unge prinsen föreföll ha varit omedveten om livets tragik, men vid tjugonio års ålder blev han chockartat medveten om livets mörka sida. Historien förtäljer att han en dag kom åkande i sin vagn och såg en gammal man, därefter en sjuk man och efter det ett lik. Han frågade sin kusk. "Det händer oss alla", svarade denne. Sedan såg han en man med rakat huvud klädd i ett trasigt gult skynke. Kusken förklarade att det var en hemlös andlig sökare.

Upprörd över vad han sett återvände Gautama till palatset den kvällen och på natten, med konkubinerna sovandes bredvid, svor han att för alltid avstå från kroppslig njutning och beslöt att rädda sig själv och andra från livets lidande. Han sa farväl till sin sovande fru och son, smög ut ur palatset, väckte kusken och for med honom ut till skogsbrynet. Där steg han ur vagnen, skar av sitt långa svarta hår med sitt svärd, sände det till slottet som ett tecken, och bytte ut sina vackra kläder mot en tiggares trasor. Ensam och utblottad gick han vidare, fast besluten att finna lidandets orsaker och botemedel.

För oss, som skulle reagera inför mänskligt lidande genom att samla in pengar till sjukhus och organisera social omsorg och forskning, förefaller Gautamas agerande som typiskt österländskt och opraktiskt. För honom var det självklart att problemet uppstått inom honom själv och att lösningen också måste finnas där. Hans lösning var en inre strävan, i grunden andlig. När han vandrade genom städerna på Ganges slättland sökte han upp kända hinduiska läromästare. I sex år vandrade han, lyssnade, mediterade, svalt och genomled så stora svårigheter att han nästan gick under. Han övervann rädsla och stolthet, ilska och lusta. Han lärde sig att kontrollera sina tankar, men kunde ändå inte nå *upplysning*. Till slut, nästan döende, bestämde han sig för att äta en god måltid och ta ett bad. Därefter satte han sig under ett fikonträd fast besluten att inte resa på sig förrän han var *upplyst*. Han var då trettiofem år gammal.

Gautama tillbringade natten med att se tillbaka på sina tidigare liv, födelse och återfödelse in i denna olyckliga värld och orsaken till mänskligt lidande. Han sjönk ner i allt djupare meditativa tillstånd och tidigt i gryningen nådde han målet. Han var nu Buddha, den fullt *befriade, den vakne, den upplyste*. Återstoden av sitt liv tillbringade han på resande fot i nordöstra Indien där han undervisade alla som ville lyssna på Buddhas Väg, som skulle leda till slutet på lidandet. Han grundade Sangha, en munkorder som hänger sig åt det religiösa livet, åt att sprida läran och som blev grunden för buddhismen i världen. Vid åttio års ålder dog han. Hans sista ord till sina lärjungar var: *Sök din egen frälsning med största uthållighet.*

LIDANDETS ORSAKER

Hur ska vi söka vår egen *befrielse?* Vad var det i Buddhas upptäckt om lidandet? Vad var hans botemedel, och hur kan vi också bli botade och bli *upplysta?*

Hans lära spreds från mun till mun och blev inte nedtecknad förrän århundraden efter hans död. Den har kommit till oss genom en stor samling skrifter som innehåller mängder av fromma, förskönande och lärda kommentarer. Exakt vad Buddha själv lärde ut är oklart i sina detaljer, men essensen i hans budskap är klart. Det är bara den som angår oss.

Läran handlar om begreppet Dukkha, som betyder smärta och olycka, otillfredsställelse och ofullständighet på alla sätt och vis. Buddha hävdar att Dukkha kännetecknar all vår erfarenhet, allt mänskligt liv, allt som existerar i denna värld av tid och rum. Inget är för evigt. Till och med lycka är Dukkha därför att den är tillfällig och vi är medvetna om det. Var därför hederlig, sluta låtsas att livet bara är gott. Erkänn att det inte är det, att det aldrig har varit det och aldrig kommer att bli det.

Nästa steg är att inse att orsaken till Dukkha eller lidandet är våra begär—längtan, törst, girighet. Det är uppenbart att våra begär inte beror på de yttre omständigheterna utan i vårt förhållningssätt till dessa omständigheter. Därför måste vi ändra vårt förhållningssätt, bli kvitt våra begär som leder till lidandet. Det totala utplånandet av begär är Nirvana, som är *upplysningens tillstånd,* det som Buddha uppnådde under trädet.

LIDANDETS UPPHÖRANDE

Buddhismen är grundlig. Den beskriver detaljerat vägen till Nirvana, den Åttafaldiga Vägen, som vi måste följa.

För det första:

Rätt Förståelse, som inrymmer ett erkännande av lidandet, dess universella karaktär, och hur det uppstår.

För det andra:

Rätt Förhållningssätt, som innebär osjälviskhet och medkänsla inför allt levande.

För det tredje:

Rätt Tal, som även innebär tystnad när vi inte har något att säga.

För det fjärde:

Rätt Handling, som innebär att vara en god medborgare, inklusive att avhålla sig från berusningsmedel. Lever man efter dessa ädla råd meriterar man sig för god Karma, utan vilken alla andliga framsteg är omöjliga.

För det femte:

Rättfärdighet, att allt man gör är en övning i att Handla Rätt.

För det sjätte:

Rätt Ansträngning, att upprätthålla sin moral och anstränga sig mentalt och andligt, att aldrig ge upp.

För det sjunde:

Rätt Uppmärksamhet, som innebär att utveckla uppmärksamhet och koncentration tills vår upproriska tankeverksamhet är under kontroll.

Slutligen, för det åttonde:

Rätt Meditation, som är övning i uppmärksamhet och koncentration till det yttersta för att nå *upplysning*.

Dessa är, på det hela taget, de åtta stegen på Vägen mot Upplysning och lidandets upphörande. Ordningen är viktig. De tidigare stegen lägger en stabil moralisk grund på vilken den buddhistiska andlighetens storslagna struktur tryggt vilar.

BUDDHISTISK MENTAL TRÄNING

De första stegen i den åttafaldiga vägen, som främst är karaktärsdanande och ämnade att skapa handlingskraft, påminner så mycket om den judiska och kristna etiken att de inte behöver ytterligare kommenteras. Vad gäller det åttonde eller det sista steget till *upplysning* ska vi återkomma till senare. Det är det sjunde, *rätt uppmärksamhet* eller buddhistisk mental träning—det avgörande steget på vägen—som här behöver förklaras.

Vad har mental träning med religion att göra, och till vilken nytta? I vanliga fall tänker vi inte på behovet av mental träning. Vi försöker bara klara vardagen. Vi tycker att allt vi behöver göra i livet är att ha självdisciplin och göra vår plikt. Men den inställningen leder till ett stort lidande.

Vi blir offer för våra rädslor och vårt hat, vår oro, vår ovilja och alla våra olika sinnesstämningar. Vi tappar förmågan att handla och att koncentrera oss på det som vi har för handen. Framgångsrika män och kvinnor är ju i själva verket de som har en naturlig fallenhet för att fokusera tankarna. Men till och med de skulle tjäna på medveten träning och i själva verket har vi alla ett behov av det.

Låt oss pröva ett litet experiment. Observera noga tummen som håller boken, lägg märke till hur lång tid det tar innan främmande bilder eller tankar dyker upp i ditt inre och ställer sig i vägen för vad du ser. Är det inte så att din uppmärksamhet brister, att du är slav under dina känslor och tankar, snarare än deras herre? Buddhisten hävdar att det är orsaken till ditt lidande, all din Dukkha.

Vårt sinne kan tämjas. I västerlandet förväntar vi oss inte att religionen löser den uppgiften. De flesta hängivet kristna, utom de få som lever klosterliv, skulle troligen avfärda mentala övningar som själviska eller rent av som slöseri med tid. Hur annorlunda är det inte i österlandet, där seriös religiositet är mental träning! Av alla östliga religioner är buddhismen den som mest betonar den saken och som i detalj har utarbetat hur det ska gå till.

VIKTEN AV UPPMÄRKSAMHET ELLER MINDFULNESS

Kärnan i buddhism är meditation och kärnan i buddhistisk meditation är mindfulness. Mindfulness innebär klar och medveten närvaro i det som verkligen ses, hörs eller känns—här och nu—utan att några tankar kommer i vägen och utan att framkalla minnen eller tankar på framtiden. När du på det viset studerar en blomma så ser du blomman, inte dina idéer eller tankar om den. Du ser den precis som den är—tydligt, i alla dess levande färger och former, utan att namnge den eller jämföra den med något annat och utan vilja att plocka den eller tala om den.

Du kommer att upptäcka en fräschör i tillvaron, en skärpa och skönhet du troligen inte upplevt sedan tidig barndom. Vinsten kan vara omedelbar. Sinnenas portar öppnas och du börjar leva i en vacker och spännande värld med former och ljud, med färger och smaker, med dofter och konsistenser, som du glömt existerade. Men för buddhisten är detta bara en sidoeffekt. Huvudsyftet med mindfulness är att forma ett verksamt mentalt verktyg för att vända sig in mot sig själv, in mot sitt centrum. Med andra ord så är den högsta formen av mindfulness en *medvetenhet om det egna medvetandet*. Genomfört till det yttersta är detta *upplysning*.

För att nå målet har olika stegvisa övningar utformats, inledningsvis med fokus på kroppen och dess rörelser, därefter en rörelse inåt mot tankarna, upplevelserna och känslorna tills vi blir fullt medvetna om allt som pågår *här och nu*. Vi kan inte längre förbise *den som observerar*.

Till exempel, en favoritövning är "att iaktta sin andning", där uppmärksamheten riktas mot inget annat än andningens rytm. En buddhistmunk eller seriös lekman kan hålla på i flera timmar eller till och med i flera dagar. En annan är "att gå uppmärksamt", där man tränar sig i att medvetandegöra varje sinnesintryck från benens och övriga kroppens rörelser, och så vidare om allt vi gör. Syftet är att bli fullt medveten om vad som sker här i detta nu, och inte om något annat.

Samma teknik tillämpas när det gäller känslolivet. Det är särskilt värdefullt när det handlar om negativa känslor, som ilska, rädsla eller hat. Vi ska inte fokusera på orsaken därute till vår ilska, utan helt enkelt uppmärksamma vår ilska här, som den är, utan att fördöma eller bejaka den. Gör vi det får vi inte bara bättre självkännedom, vi blir också lite mer mogna som människor. Något ganska dramatiskt händer, vår ilska upphör. Prova själv, råder buddhisten. Nästa gång du utsätts för en oförrätt, fokusera bara på dina egna reaktioner. Utan att försöka lägga band på din ilska undersök den i en vetenskaplig anda, noga, så att du känner igen den nästa gång.

Om du lyckas med det kommer du att upptäcka att det inte finns något att undersöka! Din ilska har försvunnit för att du undersökte den. Det var trots allt bara en hägring som vid närmare betraktelse löstes upp.

UPPTÄCKTEN AV ICKE-JAG

Men det här fantastiska tillståndet—ett sinnelag fritt från alla negativa känslor, från lynnighet, från ombytlighet, från girighet, allt som står i vägen för *upplysning*—är inte slutmålet för buddhistisk mindfulness. Målet är *upplysningen själv*. Det handlar inte bara om befrielse från något negativt—frihet från begär—utan frihet till något positivt, *öppnandet av det Tredje Ögat,* som verkligen *ser verkligheten.* Vad det ser är frånvaron av någon som begär någonting—inget ego, inget själv, inget ting. Som en svag stjärna försvinner när du stirrar på den, så försvinner din ilska när du närmar dig den, och så försvinner ditt ilskna jag. Din kropp, din själ, du själv—allt det och allt annat som du kallar dig och ditt, försvinner som en hägring. Titta och se efter om det inte stämmer.

Faktum är att din ilska är en del av din idé om dig själv. Glöm idén om dig själv och samtidigt förlorar du dina förmodade egenskaper. Det verkliga problemet är din illusion om din individualitet. Denna centrala buddhistiska doktrin om *Icke-Jag* återfinns i ett antal religiösa traditioner och filosofiska system, såväl i väst som i öst. Liknande tankegångar dyker ofta upp i den moderna psykologin. Det finns ett känt exempel från David Hume, den skotske 1700-tals filosofen, som när han undersökte sig själv, bara fann en samling tankar, förnimmelser, och upplevelser och ingenting som liknade ett jag, som kunde hålla ihop det hela. Den upptäckten föredrog han att glömma genom att spela backgammon och dricka med sina vänner. Och det är verkligen så, även för en buddhist, att det är skrämmande att skåda inåt och upptäcka att ingen någonsin varit hemma och att där alltid varit tomt! Men den skräcken är bara ett preludium till frihetens glädje, säger buddhisten. Att bli av med detta jag, är att bli av med all rädsla, allt lidande.

ICKE-JAGET ELLER ATMAN

I det förra kapitlet såg vi hur den hinduiske lärjungen vände sin uppmärksamhet från det yttre till det inre och där upptäckte den gudomliga Atman—Atman vars andra sida är Brahman eller Gud själv.

I Buddhas tidsålder verkar många hinduer ha sett Atman som ett ting—i vissa extrema fall till och med något som bokstavligt talat var av en tummes storlek och som levde i ens bröst. Det var naturligtvis ett ödesdigert misstag. Atman-Brahman eller den *absoluta verkligheten,* även om den är varats själva källa, är något så mycket mer. Den är inte ett ting, inte ett psyke eller ett jag, utan helt fritt från alla begränsningar. Hur du än beskriver det så missar du poängen. Inte ens varat självt kan beskriva det. Det varken finns eller inte finns. Så Buddha insisterade på att det varken fanns Atman eller Brahman, varken ett individuellt eller universellt Jag. Men eftersom han var en praktiskt inriktad lärare, inte en professor i metafysik, hävdade han att alla dessa diskussioner och spekulationer var meningslösa.

Det enda vettiga att göra är att följa den Åttafaldiga Vägen tills vi kan se själva vad det leder till, istället för att bara gissa.

Som en konsekvens av hans lära har buddhismen ofta beskrivits som en religion utan Gud och utan själ och därför knappast kan beskrivas som en religion överhuvudtaget. Det är missvisande. Den förnekar inte *källan* till allt eller *verkligheten* bakom allt, men insisterar på att *Det* inte har några kvalitéer överhuvudtaget! Dess ursprung är absolut unikt, bortom alla våra idéer rörande dess natur, bara *tomhet*—bortom alla motsatser som vara och icke-vara, medvetande och icke-medvetande. De Upplysta upphör med att försöka påtvinga några kvalitéer eller namn på Det, som de är upplysta av.

Och ändå, paradoxalt nog, är denna *tomhet* så oändligt värdefull! Därför att den är vad jag är, vad du är och vad alla varelser överallt och i alla tider varit. Närmare än dina andetag, närmare än dina händer och fötter, förenar denna tomhet oss fullständigt, i evighet.

THERAVADA ELLER DEN SYDLIGA BUDDHISMEN

Den typ av buddhism som vi fram till nu beskrivit kan förefalla oinspirerad och kall och knappast en religion som tilltalar den stora massan. Man kan påstå att den påminner mer om tillämpad psykologi, än om en tro som rör hjärtat. Dessutom är övningarna så krävande att bara en bråkdel av hängivna följare, var och en ensam i sin egen strävan, kan hoppas att under en livstid kunna fullgöra dem. Så vad kan en vanlig människa i ett buddhistiskt land hoppas få ut av buddhismen?

Faktum är att om vi besökte Asiens buddhistiska länder så skulle vi se, att människor på det hela taget är mycket religiösa och troligen mer lättsamma och vänliga än vi förväntat oss. Uppenbarligen är buddhismen, som är så sträng och allvarlig i doktrinen, ofta det motsatta i praktiken. En del av förklaringen till denna paradox är att det faktiskt finns två mycket olika strömningar av buddhism, två stora skolor—Theravada vars uttryck av buddhism är den stränga varianten som vi här redogjort för och den något yngre Mahayana som i de flesta avseenden är dess motsats.

I dag är den buddhistiska världen uppdelad i theravada-länder i söder, omfattande Sri Lanka, Burma och Thailand och mahayana-länder i norr, som Tibet, Kina, Korea och Japan. I Kina har emellertid buddhismen under lång tid motarbetats och försvagats. I Indien, Buddhas hemland, dog buddhismen i princip ut på 1000-talet, dock efterlämnande ett varaktigt avtryck på sitt ursprung, hinduismen.

Hur kommer det sig att människor i theravada-länderna i söder, där buddhismen så lite anpassat sig till allmänna traditioner, fortfarande är så entusiastiskt religiösa? Svaret är att den inre anpassningen är betydande. Liksom inom hinduismen, och österlandets religioner i allmänhet, har ett stort antal gamla riter tolererats (även ritualer av "försäkringstypen" som vi såg i Kapitel 2.)

Den folkliga religion som sålunda uppstått kännetecknas av obegränsad vördnad för Buddha, som ses som en gud och stor respekt för Sangha (den gulklädde buddhistmunken), men bara av en svag kännedom om Dharma, själva läran—och därtill ett stort antal fantastiska traditioner och vidskepelser som inte ens är i närheten av buddhismen.

Är det vad som oundvikligen händer när en religion är alltför förfinad och svår, att dess folkliga variant blir utspädd? Hursomhelst, theravada-ländernas religion, i sin oförenliga blandning, verkar på det hela taget ha fungerat mycket väl fram till idag. I alla fall så erbjuder den ett stabilt ramverk, inom vilket miljoner människor kan leva ett förhållandevis tillfredsställande liv. Om den kan överleva i den moderna världen, som en populär religion, är en annan fråga.

MAHAYANA ELLER DEN NORDLIGA BUDDHISMEN

Också i mahayana-länderna har avsevärda anpassningar gjorts, men dessa har skett inom den officiella doktrinen, inte i de folkliga traditionernas utkanter. Mahayana har på många sätt och vis kommit att bli bevararen av Buddhas budskap—theravadas motsats.

Kontrasten är slående. Theravadas ideal är Arhant, *den upplyste,* den som sett att ingenting är beständigt, inte ens ett jag, den som har besegrat alla begär, den som går upp i Nirvana för att aldrig återvända till denna värld av lidande.

Mahayanas ideal är Bodhisattva, *den upplyste,* som vägrar ta det slutgiltiga steget och återvänder igen och igen, i sitt medlidande inför allt som lever, tills också den siste är upplyst. Därför har konstnärer inom mahayana avbildat Arhant som en tärd, sträng man och Bodhisattva som en leende välmenande rund figur, ibland bärandes på en stor säck med presenter som en skägglös jultomte.

Det har sagts, att huvuddraget i theravada är vishet och att huvuddraget i mahayana är medlidande—Arhant är upptagen av sin egen upplysning, Bodhisattva av alla andras. Kontrasten är i själva verket inte så stor som det kan tyckas. Därför kan, som båda skolorna hävdar, upplysning inte bara vara något personligt eller något för en själv. Snarare tvärtom, *upplysning* är insikten om att det inte finns någon separat individ, inte någon separat person och definitivt inte några myriader av separata själv som ska ledas mot upplysning.

Ändå är det Bodhisattva, den ädelt motsägelsefulla som offrar sin egen lycksalighet under otaliga tidevarv av lidande tills alla blivit lycksaliga, som blivit en av de mest upphöjda och tilltalande skapelserna i den religiösa föreställningsvärlden.

Kristna kan kanske rätteligen påpeka att Bodhisattva inte är en verkligt god herde utan ett ideal, en myt. Även så, hans ideal uttrycker fullständigt kärnan i mahayana. Det är ett levande ideal, ett som fungerar. Det finns inget mytiskt i Bodhisattvas förhållningssätt.

Mahayana-buddhismen är en medlidandets religion. Det är också, delvis, en religion som erbjuder frälsning genom tro, genom nåd och inte genom handling.

Där finns till exempel det Rena Landets Skola (grundad redan på 500-talet) där frälsaren är Bodhisattva Amida. De troende dyrkar och överlämnar sig åt Amida, som i sin tur skänker all sin kunskap och förmåga till dem som ser honom som vägen till frälsning. I synnerhet finner de troende förtröstan i Amidas Löfte—att han lovar att ge upp sin egen Upplysning om någon förgäves söker hans hjälp och vägledning. Belöningen för tron på Amidas Löfte är att den troende återföds till Amidas Rena Land, det vi kallar Paradiset, där *upplysning* uppnås. Även idag finns miljoner av människor i Japan och andra mahayana-länder som dagligen åberopar Amida och lägger sin tro i honom. Och i de fall som de fullständigt överlämnar sig åt honom närmar de sig *upplysning.*

Faktum är att detta är Bhakti, den hinduiska *Hängivenhetens Väg,* som vi noterade i det förra kapitlet. Och det är inte bara en mycket bra väg, utan den mest använda av alla vägar; lätt och tillräckligt bred för att rymma ett stort antal resenärer.

FROM UPPREPNING ELLER JAPA

Upprepning av namnen Amida eller Amitabha är en avgörande del i det Rena Landets ritual. Det är en typ av ritual som återfinns i alla de stora religionerna—indierna kallar den Japa—att upprepa ett heligt namn eller mening. Den troende säger det högt eller tyst inombords, ibland varje dag i flera timmar i sträck tills det blir en vana, nästan lika självklar som att andas. Ett exempel är det berömda tibetanska mantrat *Om Mani Padme Hum* (juvelen i lotusens hjärta) och Jesus Bön i den östliga ortodoxa kyrkan (Herre ge mig din nåd). Ofta är orden på ett okänt språk, inte alltid begripliga, bara en besvärjelse helt utan mening. Detta fromma nonsens fungerar trots allt, vilket många hängivna mahayanister har upptäckt.

Varför? Förklaringen är enkel. För att rensa hjärnan, få tyst på det mentala bruset som fördunklar vår centrala klarhet, och ändå förbli intensivt medveten—det är att vara *vaken, upplyst.* Men att få det mentala bruset att upphöra, om så bara för en minut är (som vi har upptäckt) extremt svårt, närmast omöjligt under en längre tid—utan en teknik som Japa.

Det är en teknik som vänder orden mot sig själva, den tömmer hjärnan genom att tömma orden på all mening genom upprepning.

När namnet Amida åkallats en miljon gånger, är det knappast längre ens ett ord, men kan då tränga undan alla ord som är fyllda med mening. Japa kan rensa sinnena inför *upplysning*.

TILLBAKA TILL HINDUISMEN?

Det går att kritisera mahayanisterna för att vända sig till hinduismen och för att på så sätt revidera en stor del av Buddhas ursprungliga lära. Istället för att vara ditt eget ljus och arbeta för din egen befrielse så kan du tryggt lita på att någon annan gör jobbet åt dig. Istället för att testa allt som du blir tillsagd kan du upprepa en helig formel. Istället för att respektera Gautama Buddha som en vis mänsklig lärare, kan du dyrka honom som en gud, en supermänsklig varelse med oändliga förmågor i ett väl så stort tempel som ett hinduiskt, och än mer fantastiskt. Istället för att utöva en enkel religion med kärnfulla budskap och mentala övningar fri från dyrkan, särskilda ceremonier eller tempel, så har man använt alla tänkbara hjälpmedel för att frammana en religiös atmosfär med en uppsjö av himlar och helveten, och ett lika praktfullt kosmos därtill. Man ändrar till och med den grundläggande principen om Karma. Bodhisattva är en som överför sin storhet till andra! Tveklöst tilltalar denna förändring det mahayanska hjärtat, men den avfärdar Buddhas doktrin; som man sår får man skörda. Dessutom överger Mahayana Buddhas doktrin om Dukkha och lidandets universella natur, liksom den Åttafaldiga Vägen, som ett redskap för att besegra lidandet. De förnekas inte, men tas delvis för givna. Kanske är theravada och mahayana inte ens två sekter, utan rent av två helt motstridiga religioner?

BUDDHISMENS ENIGHET: VISHET, MEDKÄNSLA, PRAKTIK

Det märkliga är att buddhismen, trots dessa stora inbördes skillnader, uppvisar en enighet. Den behåller sina distinkta uttryck i alla sina varianter (av vilka vi bara berört ett fåtal) genom sin långa historia. Buddhisterna själva, liksom de som betraktar buddhismen utifrån, anar denna enighet. Theravada-munkar tillbringar ibland sin tid i mahayana-kloster och deltar utan problem i deras meditation, och vice versa. I själva verket står inte theravada och mahayana i motsättning, utan kompletterar varandra. Utan båda skulle buddhismen inte vara hel.

Dessutom, där finns en idé, en grundläggande känsla i båda skolorna även om den går under många olika namn. Vi kan kalla det *tomhet*. Theravada hävdar, att bakom varje förändring finns det som är oföränderligt, att det finns lidande, men ingen som lider. Mahayana hävdar att allt är en *tomhet*. Om du söker dig igenom ett tings yttre tills du närmar dig dess kärna, finner du bara tomhet; och detta måste du hela tiden verifiera genom att skåda in i den *tomhet* som är du. Denna insikt är inte nihilism eller destruktivitet, den banar väg för något obeskrivligt. Det är essensen i buddhistisk visdom.

Kärlek och medkänsla är emellertid lika avgörande för en levande religion som visdom och insikt. Den sanningen, den nödvändiga balansen, är inspirationen i Mahayana. Theravada buddhismen är medveten om det, den föreskriver tydliga övningar för att utveckla generösa känslor. Älska din nästa såsom dig själv; det första att göra är att öva sig i att tycka om sig själv. (Det är varken lätt eller onödigt. Som så mycket i buddhistisk psykologi är det en djupsinnig övning. Själviska människor hatar omedvetet sig själva.) Därefter vänder man sig utåt och riktar sin kärlek mot sina närmaste, vidare mot vänner och bekanta, ut mot samhället och vidare mot allt levande i universum.

Är det verkligen möjligt att vrida på sina varma känslor, som man vrider på en vattenkran? Båda skolor av buddhismen säger, att du kan, givet att du övar tillräckligt. Den lämnar ingen tvekan om vad man ska göra och vilka oundvikliga resultat som blir följden av ens ansträngningar.

Buddhismen är en praktisk religion, en religion baserad på erfarenhet. Till skillnad från sina hinduiska lärare vägrade Buddha att diskutera de stora frågorna, om universum är ändligt eller oändligt, tillfälligt eller evigt och så vidare. Istället fokuserade han på att få våra liv att fungera.

Att inse sanningen (som är Nirvana) är att uppleva vår egen frånvaro, vår *tomhet,* och det (hävdar buddhismen) innebär att bli fri från illusionen om ett separat jag. Vi befrias från vår oro och blir därmed lyckliga, kärleksfulla, avspända, medkännande, förlåtande och hjälpsamma. Så länge vi lever utifrån insikten att vi i grunden inte är människor, så är vi allt det människor borde vara! Våra mänskliga jag och våra personliga relationer förbättras, när de bottnar i medvetenheten om det opersonliga *Icke-Jaget.*

I korthet kan vi hävda att Vishet, Medkänsla och en känsla för det Praktiska karakteriserar buddhismen som helhet.

BUDDHISM I VÄSTERLANDET

Det är framförallt buddhismens saklighet och metodiska förhållningssätt som väckt intresse bland dem i västerlandet som tar religion på allvar. Gulklädda munkar syns i våra städer, föreläsningar är ofta förekommande och olika typer av meditation utövas med största allvar. Vi håller på att inse vad österlandet alltid känt till, att andlig utveckling, som allt annat, är resultatet av ihärdiga ansträngningar.

Tre varianter av buddhismen har väckt intresse i Europa och Amerika - theravadas övningar i mindfulness, tibetansk buddhism (som spridits världen över som ett resultat av den kinesiska invasionen) och zen. Den stränga varianten av mindfulness har vi redan undersökt. I den andra änden av skalan befinner sig den tibetanska buddhismen, som kombinerar den djupaste enkelhet med en fantastisk och fascinerande mångfald, som liknar det allmänna förhållningssättet i mahayana, men som ägnar sig mer åt olika koncentrations- och visualiseringstekniker, som kan ha nästan magiska resultat. Zen, som är en märklig kinesisk-japansk förädling av mahayana, ska vi titta närmare på i nästa kapitel.

KAPITEL 4: KONFUCIANISM, TAOISM, ZEN

Sträva tillräckligt långt mot Tomheten

Håll tillräckligt fast vid Stillheten

Och alla de tiotusentals ogjorda plikterna som du inte kan utföra

Jag har skådat hur de upplöses i intet

Se alla ting, hur de än må blomstra

Återvänder till den rot från vilken de växer

Detta återvändande till roten kallas Stillhet

Stillhet betyder underkastelse under Ödet

Den som underkastat sig Ödet har blivit del av det som alltid är

Att känna det som alltid är, är att vara Upplyst

Att inte känna det, är att i blindo gå mot undergång

Han som känner det som alltid är, har inom sig rum för allt

Han som inom sig har rum för allt är utan fördomar

Att vara utan fördomar är att vara upphöjd

Att vara upphöjd är att tillhöra Himlen

Att tillhöra himlen är att vara i Tao

Tao är evigt och han som äger Tao

även om hans kropp dör, förgås inte

från Tao Te Ching (omkr. 3:e århundradet f. kr.)

KINA JÄMFÖRT MED INDIEN

Asiens två största länder, såväl till yta som till befolkningstal—Kina och Indien—har båda gamla och storslagna anor, men deras civilisationer är påfallande olika.

Det kan delvis bero på geografiska förhållanden. Kina har ett klimat som påminner om USA:s, Indiens är huvudsakligen tropiskt. Och olikheterna kan delvis bero på olika etniska ursprung. De flesta kineser har mongoliska rötter, är ljushyade och har sneda ögon. Indier är kaukasier uppblandade med mörkare folkslag.

Jämfört med indisk tradition är den kinesiska inte lika idealistisk, filosofisk och religiös till sin karaktär, utan mer praktisk, tålmodig, humoristisk, idog och uppfinningsrik, med stor betoning på konst och hantverk. Men Kinas religiösa historia är trots det oerhört intressant och rik på särart.

I detta kapitel ska vi se närmare på denna historias fyra stadier: det pre-konfucianska (upphör ca 500 f. kr.), konfucianism (500 f. kr och framåt), taoism (ca 400 f. kr. och framåt) samt zenbuddhism (600 e. kr. och framåt). Vi kommer att få se hur dessa religioner, till synes olika, i själva verket formar en kontinuerlig utveckling som i princip speglar individens utveckling från barndomens omedvetna tillstånd till ålderdomens andliga mognad.

DET PRE-KONFUCIANSKA STADIET

Den gamla religionen i Kina påminner mycket om den som fanns i Indien och i den antika världen i stort—en religion med många gudar, demoner och varianter av andeväsen som måste beaktas—synnerligen komplicerade angelägenheter, som vi tidigare noterat. Viktigast av dem var förfädernas vålnader, ledda av anfadern som bodde i Himlen och styrde allt som skedde här på jorden. Det avgörande var därför att vinna förfädernas gunst genom gott uppförande och genom tillbedjan och offerriter. Förfäderna uttryckte sina önskningar, sitt gillande och sitt ogillande genom olika omen. Teckentydning, att tolka gudomliga meddelanden, var av största vikt. Innan man företog sig något måste man försäkra sig att man hade turen med sig.

Gudarnas och förfädernas vilja fick man sig till livs genom att notera när planeterna stod rätt eller genom att studera hur vissa fåglar rörde sig eller hur sprickorna i ett upphettat sköldpaddsskal såg ut. (Vi gör samma sak fast lite lättare när vi läser teblad, vilket säkert även de gamla kineserna också gjorde.) Om det var ofördelaktiga omen så sköt man upp sitt projekt till en mer gynnsam tidpunkt. Om det var goda omen så gick man vidare med en känsla av gudomlig inspiration som kineserna kallar Te.

Från tidernas begynnelse hade kineserna ändå en idé om en suverän gudom. T'ien eller Himlen, blev inte bara stället där förfäderna levde utan också något som liknade försynen eller en opersonlig Gud. Det var den huvudsakliga uppgiften för kejsaren, som kallades Himlens Son, att garantera landets säkerhet och välstånd genom särskilda offer till Himlen på ett stort altare utomhus. I hjärtat av Peking står än idag det största av dessa altare som faktiskt var i bruk ända fram till för hundra år sedan.

FÖRE INDIVIDUALITET OCH MORAL

Denna tidiga religion, med sitt komplicerade regelverk, som ställde höga krav på sina utövare, var ändå ganska enkel i sitt uttryck. I den mån det nu var möjligt, gjorde alla som alla andra, i syfte att vinna Himlens gunst och makt. Man lät sig inte besväras av tvivel, behov av förklaringar, av idéer om rätt och fel eller av samvete och plikt. Rättfärdighet var att göra det rätta, att följa moralen och traditionerna. Allt annat var lika ondsint som det var otänkbart. Man var inte fullt ut en moralisk varelse, inte en sann individ, upplevd som skild från andra individer. Man upplevde inte en själ som man kunde kalla sin egen. Frågan uppstod inte hur denna själ upplevde sig själv, trasig eller hel, förlorad eller räddad. Faktum är att idén om att människan har en egen personlighet, en egen själ eller ett eget jag, så självklart för oss idag, överhuvudtaget inte fanns i den antika världen.

Inte ens idag skulle en människa från en primitiv kultur gärna påstå att hon är rädd för mörkret i sig, utan snarare för det som eventuellt kan dölja sig där, som hon menar är laddat med välvilliga eller fientliga makter. Om hon kan anses besitta ett *jag* överhuvudtaget så är det inte "i huvudet" utan i världen omkring henne. Hennes tankar och känslor projiceras på objekten utanför. Eller snarare, de har aldrig varit åtskilda. Med andra ord—hon befinner sig i världen, är ett med naturen.

Hur uppstod då idén om ett *jag*? Å ena sidan fanns osynliga andar, spöken och demoner av alla de slag. Å andra sidan män och kvinnor, synliga och verkliga och som uppenbarligen inte var andeväsen.

Men där fanns också shamaner och medier, märkliga individer, som ibland blev besatta av andar och på så sätt förmedlade kontakt med andevärlden. Möjligen var det åsynen av denna "besatthet" som var upphovet till den gamla kinesiska idén att alla kroppar kunde vara ett hem för ett osynligt andeväsen, en själ eller ett jag.

Hursomhelst utvecklades alltmer en upplevelse av individualitet (som var mer en känsla än en idé och som hade olika ursprung) och som blev mer allmän under årtusendet före Jesu födelse. Och samtidigt med jagets tillblivelse uppstod förstås gradvis egna känslor och tankar, ett samvete, pliktkänsla, karaktär, en psykologi, en personlighet. Genom att förflytta sina erfarenheter från yttervärlden "till huvudet" blev man en helt igenom moralisk varelse.

Den gamla enhetliga upplevelsen av tillvaron blev nu skarpt uppdelad i ett jag och ett icke-jag. I bibliska termer; Adam och Eva åt den förbjudna frukten från kunskapens träd, upplevde skam och blev förskjutna ur paradiset. De förlorade barndomens oskuld och förnöjsamhet när de blev självmedvetna, men detta syndafall var oundvikligen ett steg mot mänsklig utveckling och mognad.

KONFUCIUS MORALISTEN

Denna mognadsprocess startade redan under kinesisk förhistoria och definitivt långt innan Konfucius föddes 551 f. kr.—ungefär samtidigt som Gautama Buddha levde. Men det var Konfucius som blev symbolen för Kinas uppvaknande och den som tydliggjorde denna nya attityd, ett nytt slags medvetande.

På sätt och vis påminde Konfucius om sin välkände indiske samtida motsvarighet. Liksom Buddha var han en aktiv människa. En resenär, en organisatör, en ledare för sina lärjungar, praktiskt inriktad och inte intresserad av filosofi. Men där upphör likheterna. Konfucius var passionerat konservativ och ointresserad av att ändra på sin tids religiösa idéer och ritualer. De gamla sedvänjornas oreflekterade konformitet höll på att upplösas och en ny medveten etik behövde formuleras för att bevara den sociala ordningen. Konfucius ägnade sig därför åt att lära människor hur de skulle uppföra sig, för sitt eget och samhällets bästa, i enlighet med de himmelska lagarna. Han var helt enkelt en moralist. Han brydde sig inte bara om hur människor uppförde sig utan också vad som inombords motiverade deras beteende. Det var hög tid, att någon studerade den saken närmare, nu när människor i varierande grad hade tillägnat sig en egen personlighet.

Vi kan lättast sammanfatta Konfucius lära genom att studera hur hans ideala människa borde vara. En sådan människa är vis, varmhjärtad och karakteriseras av ädelmod och god uppfostran. Hon är generös mot de utsatta, vördnadsfull i sina ritualer, respektfull mot anfäderna, öppen, rättvis, inte egocentrisk, inte lynnig men modig och med känsla för det allmänna, lojal utan självömkan. Hon är inte lagd åt det extrema och är försiktig med att låta ord gå före handling. "Den hedervärde ställer krav på sig själv, den utan heder ställer krav på andra." "När en ädel man möter något han inte förstår anklagar han sig själv". Det är höga krav! Men detta är Konfucius bild av den sanne gentlemannen (eller kvinnan) och de nödvändiga värderingar som vägleder och frambringar denna kultiverade person. Enligt Konfucius är dessa ideal verksamma eftersom människan av naturen besitter fyra grundläggande egenskaper—välvilja, rättfärdighet, anständighet och vishet.

TAOISM VERSUS KONFUCIANISM

Konfucius ideal kritiserades redan under hans egen tid på grund av dess formalism. Är plikt, ihärdighet, utbildning och kultur verkligen tillräckligt för att skapa den ideala människan? Ger det konfucianska ramverket förutsättningarna för ett gott liv? Visst, det var en storartad och omfattande social vision. "Vad du inte vill ha gjort mot dig själv ska du inte göra mot andra", sade Konfucius.

En av hans tidigaste kritiker, Mo-ti, tog denna princip ännu längre. "Den ädle riddaren i det Goda Samhället måste betrakta sin väns kropp som sin egen", sa Mo-ti. "Resultatet skulle bli att när han såg sin vän hungrig och frusen skulle han ge honom mat och kläder. Han förkunnade att den allomfattande kärleken var central i fungerande mänskliga relationer och att inget annat än fullständig och förutsättningslös kärlek skulle duga. Enligt Mo-ti levde denna gudomliga kärlek i människans hjärta. Här är det som om själva himlen tillsammans med själen lämnat sina höjder och blivit en del av ett inre Himmelrike.

Denna trend blev en del av en större rörelse som förflyttade det yttre omgivande universum till observatörens centrum. Den andra fasen i denna centripetala rörelse representeras av taoismen, religionen om Tao, om djupen under vårt ytliga medvetande, om själva kärnan i vår existens. Konfucianismen uppehöll sig vid sinnelaget bakom våra handlingar. Taoismen ägnar sig åt de ursprungliga krafter, som är själva källan till vårt medvetande, och allt annat.

Till skillnad från konfucianismen har taoismen ingen historisk grundare. Den förste och tveklöst den störste av taoismens mästare, som vi har någon kunskap om föddes troligen 150 år efter Konfucius död; och den mest kända skriften om Tao (oöverträffad i djup och enkelhet), Tao Te Ching, nedtecknades förmodligen inte förrän ett århundrade senare.

Även om taoismen framträder som ett senare utvecklingssteg än konfucianismen, ja till och med som en utmaning till den förhärskande läran, har den tveklöst sina rötter långt tillbaka i det förmoraliska, icke självmedvetna Kina, där människan och universum befann sig (mer eller mindre) i en ostörd harmoni. Taoismen kan ses som ett försök, förvisso inte att återvända till, men att vidareutveckla detta tillstånd av förlorad oskuld. Det är därför som den på alla sätt är oense med konfucianismen. Taoismen är aktiv, spontan, där konfucianismen är eftertänksam.

Taoismen söker det enkla där konfucianismen är sofistikerad (och ibland lite överlägsen i sitt tonfall). Taoismen är amoralisk där konfucianismen är moralistisk. Taoismen är lättsinnig och humoristisk, där konfucianismen är allvarlig. Taoismen är foglig där konfucianismen är stark.

Nyckelordet i konfucianismen är plikt, i taoismen att respektera det som är. Man kan hävda att de står i fullständig motsättning. Eller, kanske bättre, man kan säga att de är balanserande och kompletterande, två halvor av en och samma religion, som låtsas vara två religioner och som frodas sida vid sida. Tillsammans uttrycker de perfekt den kinesiska karaktären.

VÄGEN OCH DEN VISE

Som så många kinesiska ord har "Tao" ett antal olika meningar. Däribland vägen, metoden, doktrinen, universums lagar, dess enhet och ursprung och slutligen något som liknar den *opersonliga skaparen,* den *absoluta verkligheten.* (I den kinesisk protestantiska översättningen av Johannesevangeliet översätts logos, ordet som blev kött, till Tao).

Faktum är att Tao inte är något annat än Brahman-Atman i hinduismen och *tomheten* i buddhismen, klädd i kinesisk stil. Tomhet är en favoritsynonym för Tao. *Tomheten* är lik rymden i en kastrull, utan vilken kastrullen saknar mening eller som den orörliga hjulaxeln, utan vilken hjulet inte kan snurra. Taoisten beskriver det också som just *tomheten,* dalen, det outtröttliga, bottenlösa och formlösa ursprunget till allt, den obearbetade stenen, det alltid-varande, den ursprungliga enkelheten, tystnaden, mörkare än alla mysterier. Viktigast av allt, detta är vad man egentligen är, ens sanna natur liksom tingens natur.

En taoistisk läromästare kännetecknas av att han ser och agerar utifrån detta. Det är det som gör honom till en läromästare. Och hur olik är inte han jämfört med den konfucianske gentlemannen! Han är intresserad av det som är rätt, men taoisten är utan begär eftersom begär avleder uppmärksamheten från det inre Tao. Märk hur taoisten här är i fullständig samklang med Buddha vars *upplysning*, eller Nirvana, är det slutgiltiga utplånandet av begär.

Han har inga åsikter därför att han placerar sig i Tao, alla åsikters absolut neutrala ursprung. Han är passiv därför att varje medveten handling hindrar Taos spontana och perfekta vägar. Allt han behöver göra är att hålla sig undan och inte hindra Taos väg. Han viker undan, är ödmjuk, söker liksom vattnet den lägsta punkten och likt vatten urholkar Tao det hårdaste motståndet. Han är som barnet, till och med som idioten, därför att mänskans intelligens fungerar som en konspiration mot hennes egen grund, mot Tao, och komplicerar och stör därmed dess perfekta enkelhet. Han är ursprunglig därför att han är upphovet till allt, villkorslös, icke-mekanisk, oförutsägbar och fri. Det finns ingenting i hans grund som begränsar honom. Hans visdom, hans balans, lugn, makt och hans styrka liknar svaghet. Allt kommer direkt från tomrummet, från *tomheten* inom honom, utan att förstöras på vägen av mänsklig inblandning.

Det är därför som den taoistiske mästaren i längden är oemotståndlig. På modernt språkbruk; även om det för den vetenskaplige observatören förefaller som om den taoistiske mästaren uppför sig precis lika förutsägbart och mekaniskt som vem som helst av oss, så upplever den som är centrerad i Tao, att kärnan i *maskinen* har upphört att existera och lämnat ett väldigt tomrum. Mästaren är det *tomrummet,* levande och fri.

VÄGEN OCH SLAKTAREN

Den store mästaren Chuang-tzu, som var lika spirituell som han var djupsinnig, förklarar det så här:

Tänk dig en person som korsar en flod med en båt som är på väg att kollidera med en tom båt. Inte ens en lättretad person skulle förlora humöret. Men tänk dig att båten är bemannad. Då skulle personen i den första skrika "håll undan!" Och om den andre inte hör skulle han fortsätta att skrika och till slut, kanske svära. I det första fallet ingen ilska, i det andra raseri; I det första fallet var båten tom, i det andra var där någon. Och så är det med människan. Om hon bara kunde färdas tom genom livet, vem kunde då göra henne illa?

Detta är den passiva, negativa, sidan av taoismen, konsten att vara Tom. Dess aktiva, positiva, sida, den komplementära konsten att låta Tomheten agera för ens räkning, illustreras här igen av Chuang-tzu i hans liknelse om prinsen Huis' kock:

Han höll på att stycke en oxe. Varje rörelse med handen, med skuldrorna, varje fotförflyttning, varje knäböjning, varje snitt och hugg var i perfekt harmoni, rytmiskt som dansen i mullbärslunden, likt samklangen i Chin Shous ackord.

"Utmärkt!" ropade prinsen. "Du är verkligen skicklig."

"Min herre", svarade kocken, "Jag har vigt mig åt Tao. Det är bättre än skicklighet. En duktig kock byter kniv en gång om året—därför att han skär. En ordinär kock, varje månad—därför att han hackar.

Men jag har haft den här kniven i nitton år, jag har slaktat tusentals oxar men eggen är som nyslipad. Därför att vid lederna finns alltid mellanrum, och knivens egg saknar tjocklek. Jag för in det som saknar tjocklek i mellanrummet. Och därvid blir mellanrummet större och knivbladet hittar sitt utrymme.

Sålunda har jag behållit min kniv som vore den nyslipad i nitton år. Hursomhelst, när jag känner att knivbladet möter något blir jag försiktig. Jag fixerar blicken på stället. Jag för knivbladet varsamt mot mellanrummet tills köttstycket mjukt delar sig. Därefter drar jag ur kniven, reser mig upp, ser mig omkring, torkar av kniven i triumf och lägger försiktigt undan den".

"Bravo!" utropade prinsen. "Av denne kock har jag lärt hur jag ska leva mitt liv!"

Hemligheten bakom denne slaktares fantastiska skicklighet ligger inte i vad han lärt sig genom övning, utan snarare i vad han är. Åtminstone för honom själv är hans skicklighet inte ett resultat av yrkeskunskap utan från icke-kunskap, från stillheten och tystnaden i Tomheten som ligger till grund för hans handlande. I korthet, från Tao. Om jag utgår från min egen erfarenhet just nu, om jag tänker mig som en författare som sätter samman dessa ord blir resultatet mer eller mindre mekaniskt, ointressant och fel. Men om jag låter dessa ord flöda fram spontant från den ostörda och rena *medvetenhet* som är jag, från Tao, så får orden en mer autentisk ton. Detta är inte att glömma sig själv i det litterära skapandets rus. Tvärtom, det är att vara fullständigt medveten om sig själv som Tao, det formlösa ursprunget till all form.

TAOISMENS NEDGÅNG

Den form av taoism som framträder i Tao Te Ching och hos Chuang-tzu är typiskt kinesisk i sitt uttryck, smakfullt civiliserad och minst lika djup som de stora världsreligionerna. Hur kommer det sig då att taoismen inte lämnat något större avtryck utanför Kina? Även i Kina har taoismen kontinuerligt tappat anhängare ner till ett litet fåtal, varav de flesta dessutom bara till namnet är taoister.

Hur kommer det sig att konfucianismen, som är en relativt osofistikerad religion, har behållit sitt grepp och än idag påverkar kinesernas liv? Förklaringen är förhållandevis enkel. Konfucianismen ställer, å ena sidan, inte alltför höga krav. Den sanne gentlemannens ideal är begripliga även för en enkel själ. Konfucianismen utvecklade sig snabbt till en fullödig folklig livsåskådning. Taoismen, å andra sidan, ställer väldiga krav som gör den omöjlig som en populär religion såvida den inte helt förlorar sin karaktär.

Men även i sin mest esoteriska eller rena form, som en andlig religion för de få, är taoismen idag i praktiken död. Skälet är att den har fastnat i det som den en gång var, poetisk, impressionistisk, vag och odefinierad. Visserligen underbar att läsa om och tillämpa för de få som redan upptäckt sin sanna identitet, men för de flesta är den knappast ett fungerande alternativ.

Taoismen är ett trossystem som troligen inte revolutionerar våra liv. Taoismen talar om *upplysning* som ett tillstånd med verklig auktoritet och ojämförlig charm, men leder oss inte vidare. Det är förvisso sant att klosterordnar grundades och meditationstekniker utvecklades, men något gick fel; den nödvändiga disciplinen och drivkraften förefaller att ha saknats. Det är här zen dyker upp.

ZEN, DEN KINESISKA TAOISMENS OCH DEN INDISKA BUDDHISMENS AVKOMMA

Buddhismen spred sig från Indien till Kina under de första århundradena e. kr. och blev fast etablerad på 600-talet, tusen år efter Gautama Buddhas död. Det var mahayana buddhismen som kom till Kina—den genomarbetade variant som tycks så annorlunda jämfört med Buddhas ursprungliga lära. När den väl fick fäste, blev den än mer förändrad av det kinesiska förhållningssättet till livet—ett praktiskt förhållningssätt, utan några abstrakta religiösa föreställningar.

Genom att ta kärnan i mahayana (i synnerhet dess vishet, doktrinen om tomhet, medlidandet och framförallt meditationstekniken) och kombinera den med kärnan i taoismen (spontaniteten, enkelheten och finessen) uppstod zen i det kinesiska sinnelaget. Officiellt talar man om zen buddhism, inte zen taoism. Detta trots att zens "känsla" är mer lik Chuang-tzu—och hans underbara slaktare—än något i den indiska mahayana-traditionen. Men buddhismen stod för metod och organisation. Zen utesluter inte seriösa lekmän, men har alltid i huvudsak varit en religion för ytterst disciplinerade munkar, i gemenskap. Det finns inget spelrum i zen. Det är den hårdaste träningen i världen. Zen-munken är andlighetens kommandosoldat.

LIVET I ZEN-KLOSTRET

Låt oss titta in i ett typiskt zen-kloster. Huvudbyggnaden utgörs av en meditationshall där munkarna sitter med korslagda ben på två långa och låga plattformar mitt emot varandra. Här mediterar de dagligen i flera timmar, i absolut stillhet, med halvslutna ögon. Abbotens högre säte är i hallens ena ände. I den centrala gången går en munk fram och tillbaka med en påk som han använder mot den munk som skulle råka slumra till. Varje dag måste munken träffa abboten, som han både fruktar och högaktar, i ett privat samtal för att få andlig vägledning. Dagligen måste varje munk arbeta på fälten eller i köket, i gästhuset eller tömma latrinen. Han har ingen möjlighet till avkoppling eller småprat, inte ens till studier, ingen ledig tid alls. Hans fokus, det som är klostrets hela verksamhet, är zen meditation ("zen" betyder meditation), som i sin tur ska leda till *Satori* eller plötslig *upplysning*.

KOAN OCH DESS LÖSNING

Vad mediterar lärjungarna över? Det beror på vilken sekt munken tillhör (det finns flera) och hur långt han nått i sin andliga utveckling. Kanske har abboten gett munken en koan att lösa. En koan är en slags motsägelse, en fråga eller en gåta vars fullständiga lösning leder till *upplysning*.

Den motsägelsefulla karaktären är avgörande. Det är inget intellektuellt pussel som "vad är meningen med livet?" Tvärtom, dess syfte är att utmana intellektet, att få det att stanna upp, att nå dess omedvetna källa. Det är det huvudsakliga skälet till att en koan är motsägelsefull. Syftet är att underminera tänkandet och därigenom driva lärjungen mot desperationens gräns. Om och om igen sänder mästaren lärjungen tillbaka till meditationen, ibland med slag och ilska, med förödande kommentarer om att han inte är i närheten av att lösa sin koan. Den här obarmhärtiga metoden kan pågå i månader och år. Han kanske aldrig når *Satori* eller *upplysning*—i detta livet. Men ändå framhärdar han. Det tredje skälet till att en koan är motsägelsefull är att den faktiskt inte är det. Det är lärjungen som är vansinnig! Låt mig försöka förklara. Den mest kända koan—nyckeln till dem alla—är den om det *verkliga* eller *ursprungliga* ansiktet: *Vilket ansikte hade du innan dina föräldrar föddes?*

Enligt 1400-talets stora zen mästare, Daito Kokushi, "handlar de 1700 olika zen koanerna egentligen bara om att återupptäcka och se sitt Ursprungliga Ansikte".

Enkelt uttryckt skulle koan då bli:

Upphör med att sträva, sluta att tänka, slappna av, glöm allt du trodde att du visste om dig själv (inklusive det du ser i spegeln), se efter här precis där du är och se hur ditt ansikte ser ut här och nu—Ansiktet du hade innan du föddes".

Lägg märke till att lärjungen måste *se*. Det är ingen idé att förstå det faktum att det *verkliga ansiktet* bara är ett annat namn för mahayana buddhismens *tomrum,* taoismens *tomhet* eller Atman-Brahman i hinduismen. Han måste *se* sitt *verkliga icke-mänskliga ansikte här,* mer tydligt än sitt mänskliga ansikte som han ser en meter bort i spegeln—det mänskliga ansikte som faktiskt aldrig varit närmare än så. Han måste se att han aldrig varit den där separata, solida, ogenomskinliga saken som andra ser; utan något gränslöst och fritt som omfattar världen istället för att vara omfattad av världen— med ett ord, *allestädesnärvarande.*

Det kan verka obegripligt. Det gör det för zen-munken också. Eller det betyder för mycket. Poängen är *seendet,* inte meningen. Men en vacker dag, när han är på bristningsgränsen och ger upp och inte kan tänka längre och i ren desperation bara tittar så *ser* han under ett ögonblick sitt *verkliga ansikte* och blir *upplyst.* Svettig, darrande, gråtande och skrattande av glädje rusar han till sin mästare. Och mästaren, med all stränghet borta, klappar ömt på lärjungens huvud. Inga förklaringar behövs. "Till slut", säger mästaren, "till slut kan du se!"

"Hur kunde jag ha missat något så uppenbart?", viskar lärjungen. "Det är alltför enkelt", svarar mästaren. "Och därför är det så svårt att se! Människor hatar det enkla. De tycker om det som är svårt och komplicerat. Problemet är att det är alltför lätt!"

UPPLYSNING

Zen-munkens *upplysning* är resultatet av ett långt och mödosamt arbete. Men för en del kommer det snabbt och lätt. Den buddhistiska förklaringen är att arbetet redan utförts i tidigare liv och som nu gett resultat. Ingen kan ändå riktigt veta i förväg hur lång tid det kommer att ta för att nå *upplysning.* Det kan hända på fem minuter eller efter femtio år av andlig strävan. Om lärjungen, efter att genast ha löst sin koan verkligen ser sitt *ursprungliga ansikte* (i själva verket inget ansikte alls), ja, då är han lika upplyst som den som ägnat det ett halvt sekel! Hans ålder, religion (eller avsaknad av religion), moral, utbildning, till och med intelligens, spelar ingen roll! Förklaringen, enligt buddhismen, ligger i god karma—ens genom tidevarv samlade handlingar och tankar. En kristen skulle kanske föredra att kalla det ren nåd eller en gudomlig gåva och en icke-religiös tolkning vore att kalla det tur.

Hursomhelst, det finns bara ett svar på frågan om även jag kan se mitt *ursprungliga ansikte* (Inget ansikte). Svaret är: *Se efter själv!*

Soto-skolan, den största zen-rörelsen i dagens Japan, avfärdar å andra sidan koan-metoden och varje annan metod för att nå upplysning eftersom den redan är ens egna *sanna natur*. Lärjungen uppmanas att vara denna natur—som är icke-natur—redan från början. Det är det som za-zen eller sittande meditation går ut på—att öva sig i att hitta den inre upplysning som redan finns där, inte sträva efter att nå den i framtiden. Det är nu eller aldrig!

I zen, liksom i andra betydelsefulla andliga traditioner, har det alltid funnits mästare som lärt att upplysning (Satori, frigörelse, uppvaknande, självförverkligande, räddning), långt ifrån att vara det svåraste som finns, i själva verket är det mest självklara och naturliga. Enda sättet att prova denna hypotes är att testa den.

"I zen kommer upplysning först" säger den japanske mästaren Ummon "efter det kan du ägna dig åt att göra dig av med din dåliga karma." Han låter oss inte komma undan alla våra mänskliga fel och brister, hur de än ser ut. Det är ett oundvikligt och mödosamt arbete att ta itu med dem. Men låt oss börja med det som är fritt och alltid tillgängligt, hur än våra problem ser ut—med det som redan är perfektion, nämligen vår *källa* och vårt *centrum*. Därefter, när vi medvetet etablerat oss däri, kan vi hantera all den förvirring som förekommer i periferin. Det är som att skaffa sig en TV. Du kan spara tills du har tillräckligt med pengar för att köpa den eller du kan köpa den omgående på avbetalning för att genast kunna njuta av favoritprogrammen. Men zen är inte intresserat av vad som visas på skärmen utan av den oföränderliga skärmen i sig—*det som är medvetet* snarare än det som det är medvetet om.

ZEN IDAG

Vi har framförallt försökt förstå kärnan i zen snarare än dess orientaliska stil och kulturella kännetecken. Det är den som betyder något här. Zen utan Satori är som Hamlet utan prinsen. Vad gäller den yttre sidan av zen, först i Kina och Korea och sedermera i Japan, kan vi bara konstatera att zen—tack vare sin metodik och användbarhet, jämfört med taoismen—har lyckats behålla sin funktion som en andlig religion.

Det finns idag liksom under de senaste 1400 åren ett antal välfungerande zen-kloster, under en Roshi eller zen-mästare, och det finns ett stort antal hängivna seriösa zen-följare i form av munkar och lekmän. Och det finns fortfarande i zen utsökta uttryck i den japanska kulturen, i judo, blomsterarrangemang, svärdkonst, bågskytte, målning och teater. När de är som bäst kan var och en av dessa konstformer, under ledning av en mästare, utgöra en *sann väg*, om än lång och mödosam. Det är en genuin "meditation" eller andlig metod som kan leda till *upplysning-i-handling*. När all träning försvinner och tomheten tar över och lösgör pilen eller fäller motståndaren så blir man *det man egentligen är*. Handlingen kommer direkt från det innersta, från den inre *källan*, fullt medveten men utan mänsklig inblandning.

Det finns förvisso ett stort antal *vägar* till det *innersta* och tillbaks ut igen till upplyst handling. Allt vi gör, från att andas till att leda en stormakt är en potentiell *väg*. För var och en av oss är vägen unik och vår egen, och vi måste själva finna den.

DEN KINESISKA RELIGIONENS FYRA STADIER

Det här kapitlet har handlat om mycket. Låt oss sammanfatta de stora dragen. Vi inledde med det pre-konfucianska eller pre-moraliska stadiet, där individen var som ett barn, ännu inte självmedvetet, ännu inte distinkt, ännu inte separerat från Naturen och utan ett eget individuellt medvetande. Därefter kom det konfucianska eller moraliska stadiet där individen, under vissa kval, fick ett självmedvetande och blev separerad från Naturen och andra människor. Individen erövrade inte bara en egen personlighet utan också ett antal mentala förmågor. För det tredje har vi studerat det taoistiska eller post-moraliska stadiet, där individen går längre in i sig själv och lämnar höljena mellan kropp och själ bakom sig för att upptäcka den centrala tomheten. Och slutligen zen, när den inre resan blivit medveten och detaljerat genomförd, resan som bekräftar *tomheten*, som klart och tydligt upplevs. Den *ser Sig Själv*—och agerar utan hinder.

Cirkeln har fullbordats och det sista stadiet blir det första. Den primitiva människan, som varje litet barn, har inget "jag" liksom den *upplyste*. Det är därför den senare ofta beskrivs som barnslig, likt ett barn, eller till och med som en idiot.

Men där finns en avgörande skillnad förstås. Till skillnad från den upplyste så är den primitiva människan inte medveten om att hon inte har ett "jag", att hon är tom, renons på kropp och själ. Hennes uppmärksamhet är helt inriktad mot den yttre världen. Den upplyste är förankrad i det inre, *på Det, på tomheten här,* och ser yttervärlden som en reflektion i *Det*. Alltså, att vara omedveten om sitt Jag (som barnet och den primitiva människan) är något helt annat än att vara medveten om Icke-Jaget (som taoisten eller zen-mästaren). Om det vore samma sak skulle alla barn och primitiva människor—för att inte tala om djuren—vara Upplysta! Liksom varje individ som tillfälligtvis "förlorar sig" i sina tankar, i sitt arbete eller i sin lek. Upplysning är den exakta motsatsen till att vara tankfull. Det är att vara absolut närvarande (mindful)—där *medvetandet ser sig Självt.*

KAPITEL 5: JUDENDOM

När Abram var nittionio år uppenbarade sig Herren för honom och sade: "Jag är Gud den Allsmäktige. Håll dig till mig och var oförvitlig. Jag ska instifta ett förbund mellan mig och dig och göra din ätt övermåttan talrik."

Då sänkte Abram sitt ansikte mot marken, och Gud sade till honom: "Detta är mitt förbund med dig: du ska bli fader till många folk. Därför ska du inte längre heta Abram. Ditt namn ska vara Abraham, ty jag har låtit dig bli fader till många folk. Jag ska göra dig övermåttan fruktsam, och folk och kungar ska utgå från dig. Jag ska upprätthålla mitt förbund, förbundet mellan dig och mig och dina ättlingar i släktled efter släktled, ett evigt förbund. Jag ska vara din Gud och dina ättlingars Gud. Och jag ska ge dig och dina ättlingar det land där du nu bor som främling, hela Kanaan, som egendom för all framtid. Och jag ska vara deras Gud"

från *Genesis*

VÄSTERLANDETS RELIGION

Vi har nu kommit till den stora skiljelinjen. När vi ägnat oss åt österlandets religioner har det handlat om den religiösa erfarenhet vi kallar mysticism—upplevelsen av Gud *immanent,* av Den som är närmare mig än något annat, mer mig än jag själv, intimiteten

89

själv. Vi avslutade det lämpligt nog med zen, som tar den typen av religiös erfarenhet till sin yttersta gräns. Nu när vi börjar väster om den Stora Skiljelinjen, gör vi det med den arketypiska och religiösa erfarenhet vi kallar *etisk*. Det är erfarenheten av en *transcendent* gud, en oändligt avlägsen och helig gud, men som ändå kräver att jag ska vara så helig som möjligt. Den som är oändligt bortom mig, men som ändå så påtagligt berör mitt liv i varje ögonblick. I Israels religion— hebréernas eller judarnas religion—har vi en religiös upplevelse så olik den vi hittills har studerat, att frågan måste ställas om vi verkligen kan kalla båda varianter för religioner.

Vad en religion är beror på hurdan dess gud är och hur dess gud är beror på *var* han, hon eller det befinner sig. I praktiken finns bara två möjligheter—närmast eller längst bort, mest tillgänglig eller mest otillgänglig. Varje försök att placera gud mittemellan är bara ett utslag av ointresse eller ouppmärksamhet. I västerlandets religion befinner sig gudomen *där bortom*—inte *här och inom*. Det gäller i allra högsta grad för ursprunget till västerlandets religion, nämligen judendomen.

JUDENDOMENS BETYDELSE

Utgår vi från antalet troende skulle judendomen knappast förtjäna en plats här. (Idag uppskattar man att det inte finns fler än ca femton miljoner judar av jordens befolkning på drygt sju miljarder.) Men deras betydelse, inte bara för oss utan för världen, är bortom alla proportioner av ett antal olika skäl.

Till att börja med handlar det om en osedvanligt levande religion och ett folk vars inflytande på samtida konst, vetenskap, politik och religiös erfarenhet i sig, är enormt. Vad skulle vår civilisation vara utan Marx, Freud och Einstein, dessa sentida "profeter" (tre av många) för att inte nämna den jude som närmare hälften av världens befolkning anser vara den perfekta människan. Inom varje forskningsfält har detta folks begåvning och energi berikat våra liv. Vem kan tvivla på att det beror på något annat än deras tidlösa religion? Inte minst av det skälet behöver vi förstå vad som är viktigt i judendomen, inte i alla dess komplexa detaljer, men att vi ändå försöker förstå vad som motiverar en troende jude.

Det finns ytterligare en viktig anledning att studera judendomen, vare sig vi själva är judar eller inte. Vi lär känna den västerländska civilisationens rötter. Västerlandet har hämtat näring och formats av sin religiösa historia, som har sin upprinnelse i judendomen. Vi bör påminna oss om att kristendomen grundades av en jude och började som en judisk sekt. Den anammade som en del av sina heliga texter den hebreiska bibeln och kallade den det Gamla Testamentet. Kristendomen utvecklade sig förstås sedan efter sin egen logik; som barn reagerar mot sina föräldrar. Men kristendomens ständiga försök att bryta loss från sitt ursprung är lika absurt som omöjligt. Tanken att det skulle vara möjligt att sära på de två, att skapa en splittring mellan föräldern och avkomman, skulle vara katastrofalt för båda. Freud själv varnade för detta. Våra psykologiska blockeringar, såväl på social- som individnivå, handlar till stor del om inre olösta konflikter med våra föräldrar. Botemedlet är att medvetandegöra dem. Vår bästa försäkring mot framtida Belsen och Buchenwald, är att acceptera vårt ansvar och förstå att förintelsen (mellan 1939 och 1945 slaktades sex miljoner judar av "kristna") var ett resultat av ett långvarigt undertryckande av vår enorma tacksamhetsskuld gentemot detta folk och ett förnekande av vårt levande arv från judendomen—som judar, som kristna, som muslimer, som moderna människor. Vårt studium behöver därför nu bli mer rannsakande, lite av en freudiansk analys. Det är knappast förvånande att det för mig— och kanske även för dig—blir en process fylld av motstånd att närma sig judendomen. Förhoppningsvis speglar styrkan i motståndet värdet av vår undersökning.

Att lösa en konflikt med en förälder underlättas av att han eller hon fortfarande är i livet. Därför har det betydelse att vår uråldriga religiösa och kulturella anfader fortfarande är i livet. I förhållande till dagens judendom har vi fortfarande detta "föräldraproblem". Vi skulle kunna hävda att denna uråldriga men också samtida religion, oavsett om vi är judar eller ej, handlar om oss och om vår samtid. För att förbereda oss för detta djupare möte, med oss själva och vårt ämne, ska vi först titta närmare på judarnas historia, deras erfarenhet av Gud, och de religiösa uttryck som utvecklats under en lång tidsålder.

DET UTVALDA FOLKET OCH DERAS FÖRBUND MED GUD

Man lär nog aldrig kunna enas om när i historien det judiska folket träder fram. Men den judiska historieskrivningen, så som den kommer till uttryck i den heliga Toran (de första fem böckerna i den judiska bibeln och i kristendomens Gamla testamente), är långt ifrån endast folklore och myter. Det finns ett förvånande stort antal arkeologiska fynd som bekräftar vissa av berättelserna. De är under alla omständigheter berättelser på vilka judendomen vilar och förtjänar därför vår uppmärksamhet. Runt 1800 f. kr. levde ett antal spridda nomadstammar med sina djur i det område som omfattar dagens Israel, mellan Tigris-Eufrat dalgången och östra Medelhavet. Deras ledare hette Abraham och deras gud Jahve. I stark kontrast till regionens bosatta, jordbrukande stammars baalsdyrkan var Jahve inte en fruktbarhetsgud, bunden vare sig till jorden, årstiderna eller skördarna, utan en gud som återfanns högt bortom vår värld, i himlen och bland stjärnorna (om han nu hade ett hem överhuvudtaget). Han var, i kontrast till de mer jordbundna gudarna, mycket manlig och mycket personlig och förmögen att vara synnerligen aggressiv å sitt folks vägnar. Han betraktades som så helig att det var förbjudet att yttra hans namn. Men framförallt så var han den gudom som uttryckligen valt detta folk som sitt eget. Han ingick ett kontrakt, eller förbund, med Abraham som stipulerade, att Abrahams avkomma skulle föröka sig talrikt och på alla sätt berikas, mot att de offrade (rituellt dödade och brände djur), underkastade sig och bad böner.

Historien om patriarken Abraham och hans irrfärder, om hans son Isak (som han i en oerhörd lojalitetsprövning från Guds sida nästan dödade som ett offer), om hans sonson Jakob eller Israel, om hans tolv sonsonsöner, om Josef i Egypten, om israeliternas umbäranden där, om den dramatiska flykten och vandringen i öknen under profeten Moses ledning—allt detta är kanske för dig, som det är för mig, inte bara bekant utan inympat i barndomens minnen. Det är en historia fylld med mening och djupa undertoner vars detaljer vi emellertid inte behöver gå in på här. Vad som är viktigt att uppmärksamma är bekräftelsen och utvecklingen av det ursprungliga förbundet med Abraham, såsom det slöts med Moses på berget Sinai. Det var där som de tio budorden överlämnades—en för den tiden unik och sofistikerad regelsamling och som krävde att ingen annan gud än Jahve, Herre och Gud, fick dyrkas. Som belöning för att lyda Guds lag (till vilken flera "föreskrifter" adderades med tiden) utlovades hans folk landet Kanaan (ungefär dagens Israel) och alla möjliga andra välsignelser. Olydnad betydde katastrof, och katastrofer har sannerligen åtföljt Israels barn genom tiderna.

EN STORMIG HISTORIA

Det förlovade landet, som påstods flöda av mjölk och honung, blev till slut attackerat och ockuperades av dessa hebreisk-judiska stammar. Det var inte mer än naturligt att detta tidigare kringvandrande men nu jordbrukande folk anpassade sin religion efter sina nya omständigheter. Man började snegla mot lokala gudomar och avgudar som var förknippade med fruktbarhet, jorden, växtligheten och årstiderna. Naturligt nog krävde man, liksom i kringliggande länder, även en egen kung, en halvt gudomlig ledare, istället för nomadstammarnas mindre färgstarka hövdingar. Gud gav dem motvilligt deras kungar—Saul, David, Salomon och deras efterföljare, men avgudarna förbjöd han med stor betämdhet.

Judarnas historia, som den träder fram i bibelns olika texter handlar i stort om den utdragna kampen mellan å ena sidan de gamla avgudarna, som förknippades med jorden och å andra sidan Jahve,

Abrahams och hans ättlingars himmelska Gud. Jahve gick slutligen segrande ur striden med hjälp av en serie profeter som bönade och hotade. Men det Utvalda Folkets historia är kantat av många bakslag och de fick utstå de hårdaste straff. Bland annat förlorades de Tio Stammarnas Norra Rike (Israel) till Assyrien 722 f. kr. då större delen av landet erövrades. Därefter attackerades det Södra Riket (Judéen) 586 f. kr. av Babylon, vilket innebar att en stor del av befolkningen fördes bort i fångenskap.

Under den babyloniska fångenskapen och efter återvändandet (när Kyros den Store regerade, någon gång efter 538 f. kr.) till det som fanns kvar av Jerusalem, skärptes och utvecklades det nationella självmedvetandet och de judiska heliga texterna började att ta slutgiltig form. Så växte Toran fram. De fem Moseböckerna (Genesis, Exodus, Leviticus, Numeri, Deuteronomium) omfattar Lagen, skapelseberättelsen och historien om det Utvalda Folket. Profeterna (Neviim) som beskriver förhållandet mellan det judiska folket och Gud och slutligen Skrifterna (Ketuvim), som innehåller den så kallade Vishetslitteraturen (exempelvis Ordspråksboken) som har en lägre status än de övriga.

Med tiden uppstod en omfattande samling av kommenterande och förklarande texter till Toran (Midrash, Mishnah, Talmud) vars huvudsakliga syfte är att identifiera och tillämpa Guds vilja i olika mänskliga sammanhang i det som kallas Halakah eller den samlade traditionella judiska lagen. I dessa återfinns en allt starkare förfining av det judiska intellektuella livet och man kan här spåra influenser från omgivande kulturer. Till exempel blev den persiske profeten

Zarathustras (omkr. 618 - 541 f. kr) dualistiska världsbild—med sina dramatiska bilder av en kosmisk kamp mellan de goda krafternas Ljus och de onda krafternas Mörker, om livet efter detta i himlen eller i helvetet, om kroppens återuppståndelse—en del av den judiska religiösa tankevärlden. Tveklöst var detta en viktig och direkt konsekvens av den babyloniska fångenskapen.

Samtidigt med denna religiöst berikande utveckling fortsatte Israels bekymmer. Efter 331 f. kr. erövrades landet av de grekiska efterföljarna till Alexander den Store och 63 f. kr. föll Jerusalem i romarnas händer. Ett stort antal revolter mot romarna, de flesta med förödande konsekvenser, slutade 70 e. kr. med att Jerusalem belägrades av Titus och att templet förstördes. Det ledde också till att det judiska folket spreds över hela den antika världen—diasporan.

I diasporan fortsatte det judiska folket att utveckla sin religion under inflytande från grekiska, romerska, kristna och muslimska tankemönster, men utan att helt assimilera dessa och man anpassade sig till de skilda kontrasterande europeiska, asiatiska och afrikanska kulturer man befann sig i. Trots allt detta har judarna förblivit en distinkt och separat grupp, en vitt spridd nation bland alla nationer. De har hela tiden varit diskriminerade, ofta brutalt förföljda och dödade och ibland även fördrivna från ett land till ett annat—en förfärlig historia som kulminerade i Tysklands organiserade folkmord på judar i vår tid.

Skälen som icke-judar fört fram som orsaker till denna historia har varierat. Kristna säger att judarna förnekade och dödade Jesus. Muslimer hävdar att de misslyckats med att följa den fulla

96

utvecklingen av patriarker och profeter, hela vägen fram till Mohammed. Avundsjuka sekulära påstår att judarna är en del av en internationell konspiration av icke patriotiska överpresterare. De verkliga skälen är nog andra. Men genom hela denna plågsamma och heroiska historia har det Utvalda Folket lyckats behålla sin kulturella och religiösa identitet, sin känsla av att tillhöra Gud och i en förvånansvärd hög grad, hålla på de påbud så som ursprungligen formulerades med början för fyra tusen år sedan. Vi har att göra med ett unikt religiöst fenomen, en unik religiös upplevelse—som vi nu, så gott det går, ska skapa en förståelse för.

ETISK MONOTEISM

Vad är det som utmärker judendomen, vad skiljer den från andra religioner, som kan förklara de oerhört starka band som förenar dess trosfränder. Vad är kärnan i det väldiga bidrag judendomen skänkt den västerländska kulturen?

Först och främst, judendomen insisterar på att bibelns Gud har ett unikt förhållande till det judiska folket, men som samtidigt är Gud för hela mänskligheten.

Judendomen avvisar varje variant av naturdyrkan, panteism, polyteism och avgudadyrkan. I begynnelsen uppträdde Jahve för hebréerna som en stamgud bland andra rivaliserande gudar, men tidigt i den judiska historien blev han sedd som inte den högste bland flera gudar, utan som *Den Ende* och sanne guden, den unika skaparen och universums upprätthållare.

Vi har sett samma sak i Indien, idén om en enda gud som fick överhanden, men där upphörde han snart att vara i huvudsak transcendent; hans sanna hem visade sig snarast att vara här "inom oss". Han blev den immanente guden. Inte så för det judiska folket, som än idag är hängivna till Gud "där ute" som visar sig för sitt folk genom sina gudomliga ingripanden i historien och sina skriftliga påbud, till skillnad från Gud "inom oss", som visar sig ordlöst och tidlöst genom introspektion, meditation och den mystiska erfarenheten.

GUD I DET DAGLIGA LIVET

Vad Gud kräver av oss beror på *varifrån* han agerar—från utsidan eller insidan. Om det förra gäller är han mest intresserad av vårt yttre agerande snarare än av vårt inre liv, i etik snarare än i andlighet. För den troende juden betyder det att leva efter Guds vilja; som individ, i familjen och i alla andra relationer, i affärssammanhang och i församlingens ritualer.

Guds vilja är det som de heliga skrifterna och de kommentarer som tolkar dem påbjuder. I princip varje aspekt av tillvaron omfattas—diet (listan över vad en jude får och inte får äta är lång och komplicerad), hur mat tillagas (inklusive vilka redskap som får användas till vilken mat), daglig bön (hur och när man ska be, vad man får be om och hur man ska vara klädd när man ber), hur man respekterar sabbaten, hur man hanterar djur, hur man sköter sin personliga hygien och så vidare. Det finns i själva verket få ting som görs utan att det på ett eller annat sätt görs i tron att det är uttryck för Guds vilja eller till hans ära. Det gör vardagens alla rutinmässiga bestyr ädla och fyllda med mening, då de ständigt länkas till tillvarons skapare. Den skadliga uppdelningen mellan det profana och det sakrala överbryggas—eller snarare, förhindras! Det är att verkligen använda vardagen konstruktivt, att upphöja den till tillbedjan och göra dygd av de lägsta sysslorna. Det kombinerar religiös utövning med att göra varje dag helig.

Och ju mer vi förstår detta desto mer upptäcker vi att det fungerar. När det är som bäst skapar det ett rofyllt och upplyst liv som skänker mening i de enklaste ting och förenar dem med sitt gudomliga ursprung. Så annorlunda än ett liv utan riktning och förankring i något annat än det egna lilla jaget! Om det Guds-styrda judiska livet verkar storartat är det för att det är storartat, det är mänskligt agerande höjt till kosmiska dimensioner—handling blir till bön och bön blir till handling.

Det betyder förstås inte, att den troende juden skulle beskriva sin erfarenhet av det gudomliga livet just så, eller för den delen skulle vara intresserad av vad allt detta heliga beteende tjänar till. Tvärtom, den här varianten av praktisk tro är genuin så länge den är centrerad kring Gud och inte kring människor.

Till exempel, man respekterar trofast sabbaten från fredagens kväll till lördagens solnedgång, inte för att det ger en behaglig ledig dag, utan för att Skaparen själv vilade på den sjunde dagen och för att han begär att hans utvalda folk ska följa hans heliga exempel.

"NACKDELAR" MED DENNA LIVSSTIL

Varje livsstil, hur tillfredsställande den än må vara, har sina nackdelar, sitt pris. När det finns så många regler, blir det oundvikligt att allt som oftast bryta mot några. Ju fler och svårare regler att följa, desto mer skuld. Det blir därför nödvändigt att detta förbund mellan Gud och människa också innehåller olika gärningar av bot och ånger och att offer regelbundet görs i syfte att återupprätta förhållandet mellan kontraktets parter. Lagen talar, mycket detaljerat, om de olika botemedlen för skuld, där det viktigaste är djuroffer som utfördes av prästerna i Jerusalems stora tempel ända fram till dess förstörelse år 70.

Men de senare profeterna hävdade att Jahve mer värdesatte ett ångerfullt och ödmjukt hjärta (det vill säga en inre botgöring och ett överlämnande till honom) än röken från brända offer. Hursomhelst så övertogs denna fixering vid synd, offer och påföljande förlåtelse, som karakteriserar den etiska monoteismen (som lyser med sin frånvaro i de mystiska religionerna med sin inre Gud), av kristendomen. Jesus själv kom att betraktas som det slutgiltiga offret till Gud för folkets synder, som vi återkommer till i nästa kapitel.

En andra invändning mot alla dessa av Gud givna regler för livets alla förehavanden är att de flesta är helt godtyckliga, åtminstone sett med den moderna världens ögon. Av vilken anledning (kan en judisk förälder mycket väl undra) måste min åtta dagar gamla son omskäras bara för att en viss nomadhövding i Mellanöstern för ett par tusen år sedan, förklarade att hans gud krävde detta; och av vilken anledning ska pojken tvingas att bära en kippa och läderamuletter (innehållande heliga texter som binds fast i pannan och vänster arm) när han fyller tretton år; och varför måste han strikt följa kosherdiet (mängder av talmudisk litteratur är ägnad åt hur man korrekt väljer ut, lagar till och konsumerar mat och dryck)? Den moderne liberale och icke praktiserande juden bortser från alla dessa aspekter av lagen utom vissa grundläggande—som till exempel omskärelse.

Den troende eller ortodoxe juden skulle hävda, att den Gud som inte bryr sig om hur vi framlever våra liv i vardagen inte är en riktig Gud. Det är det godtyckliga, det absurda om man så vill, i Guds krav, de handlingar som inte har någon förklaring annat än att han begär dem, som kungör honom och håller oss i kontakt med honom. Vanligt, effektivt och vettigt beteende (skulle han hävda) är bara ett sätt att få världen att fungera. Beteende som styrs av Lagen däremot, tjänar inget annat syfte än att erkänna och uttrycka kärleken till alltets skapare, och måste därför vara annorlunda. Har kärleksgåvor någonsin varit praktiska eller användbara? Och är inte det vanliga "rationella" beteendet bara självbekräftande, något övergående som alltid ändras?

Att leva enligt Guds godtyckliga men eviga lag, förenar individen med familjen och det utvalda folket med sin Gud. Därför känner han deras stöd. Han axlar detta unika folks hjältedåd och värdighet, deras storhet och ståndaktighet. Vi frestas att fråga vår judiske talesman efter konkreta bevis på att alla dessa handlingar verkligen är viljan bakom allt som sker—Guds vilja. Om nu Guds vilja är det som faktiskt verkligen sker, och framförallt det som inte dör ut, måste inte det faktum att alla dessa märkliga religiösa beteenden som fortfarande lever och frodas, visa att de ingår i hans vilja. Eller; om Guds vilja är det som verkligen sker, överlever och fungerar så visar sig det i uthålligheten och rikedomen i det judiska folkets liv. Och vem kan förneka länken mellan detta folks religion och deras framgångrika livsmönster?

JUDENDOM, NATIONALISM OCH CHAUVINISM

Det är svårt att inte notera mörkare och djupare nackdelar, potentiellt mer allvarliga än bara stelbenta beteendemönster, i judendomen. Att låta ens egna "egoistiska" intressen även bli familjens, stammens och nationens intressen innebär inte att förlora sitt jag utan att göra det uppblåst, och de sociala och politiska konsekvenserna kan vara lika onda som goda.

Om det kan definieras som en del i en religiös erfarenhet, borde vi inte då även erkänna andra självutnämnda "utvalda folk" i moderna totalitära stater? Var det den tanken som det nazistiska *Herrenvolk* delade med sina offer? Åtminstone tillfälligt blev miljontals enkla och själviska tyska liv transformerade när de blev en del i *Das Vaterland*. Faktum är att identifikationen med en helhet annat än *Helheten*, det odelbara, är att bjuda in till konflikt med andra rivaliserande helheter—var och en större och farligare ju högre upp i hierarkin vi klättrar. Varje "utvalt folk", oavsett deras gudom, kommer obönhörligen att få problem med andra "utvalda". (Varje folk, för att definiera sig som ett folk, måste känna sig på något sätt överlägset, särskilt favoriserat.) Judisk exklusivitet—all exklusivitet—ber om problem, får problem och ger upphov till problem.

Lyssna till Guds befallning till Josua, Moses arvtagare, att slakta varje man, kvinna och barn av de "onda" kananiterna vars "synd" var att de utövade en fredlig och jordbunden naturreligion—och råkade besitta bördig jord, som Gud valde att skänka till sitt eget folk. Lyssna på den välkända och vackra klagosången bland de tillfångatagna israeliterna som börjar som en hymn; "Vid Babylons stränder vi satt och grät" och slutar med en förbannelse; "Lycklig är han som krossar era små mot en sten". Sådan är den mörka sidan av våra egna västerländska religiösa traditioner, judendomen och kristendomen och islam.

DEN TRANSCENDENTE GUDEN OCH DEN IMMANENTE GUDEN: TVÅ RELIGIÖSA VARIANTER

Det är ingen slump att österlandets religioner med sin inneboende gud, som nödvändigtvis är en och samma för alla och på ett fredligt sätt förenar alla människor och trosåskådningar, i praktiken aldrig gjort sig skyldig till några heliga krig. Inte heller är det en slump att historien om västerlandets religioner med gud *där ute* består av heliga krig mot otrogna och mot andra troende.

Det verkar som om Gud *därute* är en man, som gillar och ogillar, som sammanställer en bok med heliga skrifter till sina favoriter att tro på till sista bokstaven och kallar till korståg mot dem som inte delar samma tro. Den *inre* gudens karaktär däremot är mer androgyn eller kvinnlig, tolerant och öppen, på gränsen till promiskuös. Dess skrifter är snarare ägnade att testa och ifrågasätta än att tro på—och definitivt inte värda att slåss och dö för.

Judarna har förvisso de senaste tvåtusen åren knappast haft möjlighet att starta några egna heliga krig. Men det finns tillräckligt med tecken på att det återfödda landet Israel, en modern makt i judarnas ursprungliga hemland, passar in i mönstret. Finns det överhuvudtaget några sekulära krig? Vietnamkriget var när allt kommer omkring ett krig mot den Röde Djävulen. Till och med Falklandskriget utkämpades å gudinnan Britannias vägnar. Kan det vara så, att avsaknad av krig är liktydigt med avsaknad av religion, eller i alla fall religion om den transcendente guden?

Nog verkar det som att en stark tro på (som innebär delvis identifiering med) en transcendent gud, västerlandets variant, frambringar aggressivitet och uppblåsta egon. Och å andra sidan, nog verkar det som om den immanente guden, österlandets variant, leder till ett nedtonat ego, som resulterar i mildhet, men också en oberördhet, som kan tolkas som en ohälsosam likgiltighet. Men är det inte lika sant att dessa två varianter egentligen bara är påhittade halvgudar? Den sanne guden är transcendent-immanent, överallt och ingenstans (Deus absconditus) på en och samma gång. Det är genom att splittra honom/henne på det här sättet—eller snarare på grund av vår oförmåga att förena de två halvorna i vår religiösa erfarenhet— som vår religion skapar sådana problem för oss.

Det som räddar oss är att varje genuin religiös erfarenhet, tagen till sin yttersta gräns, gör en frivolt och övergår i sin motsats. Den Gud som uppfattas som så transcendent att hans vilja fullständigt styr en troende judes alla handlingar och tankar tills skillnaden mellan samme jude och hans Gud till synes upphör—denna Gud, vare sig den troende inser det eller inte, har också blivit immanent. Det finns inte längre något här som är i vägen för Gud. Inom och utom, däruppe eller här nere, jag och min Gud är skillnader som upphört att existera.

JUDISK MYSTICISM

Det är därför knappast förvånande att judendomen, den minst mystiska av alla religioner vi hittills studerat, kom att utveckla sin egen variant av mysticism—förvisso ofta svårtillgänglig med sina magiska, symboliska och spekulativa uttryck, men ändå omfattande alla nödvändiga element i den "eviga filosofin" vi först stötte på i Indiens religiösa traditioner.

Kabbalan, den judiska mysticismens stora skrift, förkunnar Guds närvaro i ens inre och i alla ting, det som är verkligt, heligt och gudomligt i dem. Den judiska mysticismen är inte en sentida, perifer eller kättersk utveckling. Den var väl etablerad under den grekisk-romerska tiden. Den blomstrade i södra Frankrike och Spanien under medeltiden och fick ett märkligt, men vitalt, uttryck i chassidismen i Östeuropa på senare tid. Den var ofta förvånansvärt djärv. Judiska mystiker gick så långt att de hävdade, att de hade makt och ansvar för att hålla igång Guds eget inre liv och att de kunde förena Gud med sin skapelse. De upplevde sin egen religiösa medvetenhet som en i sanning kosmisk medvetenhet. På tusentalet i Spanien skrev

Moses Ibn Ezra uttryckligen: *I mig är Herren.* Ännu tydligare är hans föregångare Ibn Gabirol: *Du är min själs själ.* Och det finns två chassidiska ordspråk: "Genom *hans* handlingar genom mig, känner jag *honom*." och "Han som vet att bön är Gud själv, är som Kungens son som tar vad han behöver från sin faders förråd."

Som så många fromma kristna och muslimska mystiker hade chassiderna en osedvanlig förmåga att tolka den heliga skriften i enlighet med sin egen övertygelse. Till exempel Torans "Jag är Herren din Gud mitt ibland er." kom att bli "Jag är inom dig, som din själs innersta grund."

En fråga kvarstår. Om nu judendomen till slut leder till samma insikter som vi redan upptäckt i österlandets religioner, vad (om något) i judendomen förtjänar då vår uppmärksamhet? Eller mer rakt på sak, vad finns där för oss idag?

JUDENDOMEN I VÅR BARNDOM

Här kan jag inte tala för någon annan, men i resten av detta kapitel ska jag beskriva vad jag—som inte är jude—får av judendomen. Och det är mycket.

Till att börja med har jag med förvåning och till min stora glädje insett, att min "kristna" uppväxt i hög grad varit "judisk". Den judiska bibeln, vårt Gamla testamente, var den spännande och viktigaste delen av min egen bibel. Den har ett poetiskt språk fullt med ett tårdrypande patos—den 23:e psalmen om den lidande tjänaren i Jesajas andra bok och kapitel 12 i Predikaren som börjar med "Kom nu ihåg din Skapare från din ungdom." Det var rader som väckte mitt hjärta och min tankevärld till att ana en värld bortom denna. Och sedan var det förstås alla dessa historier, science fiction, den primitiva magin och allt det skrämmande, de blodbestänkta äventyren och, något senare, de lite sexigare delarna. Allt detta och mycket mer, mest av allt Gud *däruppe*, enastående och storslagen ovanför himlen, var precis rätt för mig som barn. Hur skulle annars en enkel och frisk liten pojke kunna hitta sin Gud—den enda typen av Gud som då var begriplig. Ett heligt och meditativt barn, om det nu funnes ett sådant, fokuserat på en inre Gud skulle varit stört eller sjukt.

För att uttrycka det enkelt, det är en naturlig del av Guds historia att han börjar uppe i himlen och ser ner på mig och mina förehavanden. Till en början var hans lagar knappast annorlunda än mammas och pappas. Det var som om Gud genom mina föräldrar, hävdade att det nästan var syndigt att ställa mjölken i sin flaska direkt på frukostbordet, istället för att först rituellt dekantera den till mjölkkannan. Bakom min mor, eller som en del av henne, fanns Gud, som var så oerhört noga med hur bestick och tallrikar lades ut på bordet, hur man åt utan att söla eller rapa, att inte släppa väder (den ljudliga sorten var en dödssynd) och tusen andra heliga regler, ingen egentligen mindre godtycklig eller irrationell än sina motsvarigheter i min bibel eller i ett judiskt ortodoxt hem. Och på ett eller annat sätt blev dessa regler nödvändiga för min trygghet och mitt välmående. Jag behövde och fick verkligen en mycket tydlig och detaljerad karta, efter vilken jag kunde navigera min skrangliga farkost. Den gav mig det manöverutrymme och den frihet jag då kunde hantera. Priset för min frihet var att jag visste exakt var gränserna fanns. Hade jag haft mer frihet eller (vilket vore värre) total frihet skulle jag ha gått vilse. Jag tycker mig ha sett hur barn med alltför många val, som har gått miste om en "religiös" uppfostran, är handikappade för livet.

Var denna "kristna-judiska" uppfostran, vid den tiden så nödvändig och bra, bara ett barnsligt stadium, som behövde lämnas och växas ifrån? Eller har den, nu med min mer erfarna och mer nyanserade uppskattning av judendomen, något att erbjuda mig nu, något unikt, ett balanserande bidrag till helheten i mitt religiösa liv? Mitt svar är ja, där finns ett kontinuerligt bidrag.

JUDENDOM I VUXEN ÅLDER

Judendomen säger mig idag fyra saker:

(i) **Tar hänsyn till Gud.** Det första är, att allt jag gör som måste göras, allt från att diska till att ta ett bad eller att skriva det här kapitlet, är lika intressant och värdefullt och heligt, därför att det är att göra Guds vilja i detta ögonblick och eftersom jag lyckligt lyder denna vilja blir det också min vilja. Faktiskt, jag tror att disken diskas renare och snabbare när intelligensen bakom universum självt deltar i denna enkla syssla. Även om det inte var en judisk mystiker som skrev:

Den som sopar rummet rent som vore det din lag

Gör det och sysslan god

(ii) **Tar hänsyn till Tid.** Judendomens andra budskap är att allt jag gör i detta ögonblick för Gud (och ytterst som Gud) händer i realtid, i Guds tid. Till skillnad från de stora österländska religionerna är judendomen grundad i sin egen historia; tid och förändring och utveckling är delar i den pågående dialogen mellan Gud och hans folk; deras nutid är levande med dåtiden som bär framtiden i sitt sköte. Denna speciella vördnad för tidens organiska och kumulativa aspekt, är något vi i Väst mer eller mindre omedvetet har inkorporerat från vår "anfader" judendomen. Här är ursprunget till den rika intuition som återfinns i biologi och samhällsvetenskap, att fenomenens egentliga natur upptäcks i dess historia och är en del av en ständigt pågående evolution, där inget någonsin blir klart och fulländat. Ur ett biologiskt perspektiv motsvarar min kropps utveckling alla dess evolutionära stadier, eller (för att använda jargongen) ontogenesen rekapitulerar fylogenesen. Ur ett psykologiskt perspektiv är jag mitt förflutna. Om jag förtränger eller förnekar det är jag inte "mig själv" och är då riktigt illa ute. Denna fundamentala sanning är vi tack skyldiga västerlandets religion *full av tid,* judendomen—inte österlandets *tidlösa* religion.

(iii) Ger rätt balans. Det tredje som judendomen bidrar med för min del, är att varna mig (lite väl sent i mitt fall) för mitt ensidiga intresse för mysticism framför etisk religion. Det hjälper mig att hitta en balans i mitt liv, mellan österlandets spontanitet och leva-låta-dö attityd å ena sidan och å andra sidan västerlandets rättfärdighet, karaktärsdaning och orubbliga strävan. En balans mellan österlandets amoraliska attityd och västerlandets (vilket i huvudsak betyder judiska) etiska ideal. Den indiska tantrismen förordar ju i sin mest extrema form att man bryter mot alla regler för att nå *upplysning.*

Mitt välbefinnande ligger inte i att pendla mellan de två. Nej det är snarare att försöka komma fram till och stanna i mittpunkten, där båda har sitt ursprung. Gud befinner sig inte i öst eller i väst, är varken en mystisk gud eller en etisk gud, utan källan och lösningen på alla motsägelser. För den som blir i *honom,* i centrum, finns i praktiken en perifer polaritet men ingen konflikt. Sättet att leva för en österländsk mästare och en judisk zaddik behöver inte vara så olika. Deras laglydnad är spontan och inte automatisk och deras spontanitet är laglydande.

Laglydnad och frihet är två sidor av samma mynt. "Jag går fritt därför att jag söker Dina bestämmelser", säger psalmisten. Här kan man se att den mänskliga laglydnaden och utövandet av mänsklig frihet blir så otroligt mycket rikare när de förenas med Gud, som är deras gemensamma ursprung. Åtskilda från *honom* och därför motsatta poler är ingen av dem sig själv. Utan Gud tenderar den judiska lagen att degenerera till petighet och legalism, en innehållslös vana eller ren vidskepelse och magi. Icke-judens frihet tenderar att degenerera till en påtvingad frihet. Gud själv återupprättar balansen och är det enda botemedlet mot all vår ensidighet.

(iv) Går hela vägen. Det fjärde som judendomen säger mig, om än indirekt, kommer ur det tredje. Det är insikten att den nödvändiga kontrasten mellan den transcendente guden och den immanente guden, mellan min barndoms Etiska Monoteism och mitt vuxna livs Mystiska Panteism (som ser Gud som den allt-genomträngande Enheten), bara är tillfällig. Vare sig du färdas utåt eller färdas inåt, kommer du hem till Gud eftersom du faktisk aldrig har rest bort.

Köp vilken biljett du vill, den tar dig till din slutdestination. Men det viktiga är att färdas hela vägen. Många har gjort just det.

Vi inledde det här kapitlet med att tala om den Stora Skiljelinjen mellan österlandets och västerlandets religioner—österut, den immanente Guden, västerut, den transcendente Guden. Metaforen var passande. Skiljelinjen förenar vad den skiljer, förenar Öst med Väst utmed den linjen.

KAPITEL 6: KRISTENDOM

I begynnelsen var Ordet, och ordet var hos Gud, och Ordet var Gud.

Detta var i begynnelsen hos Gud.

Genom det har allt blivit till, och utan det har intet blivit till, som är till. I det var liv, och livet var människornas ljus.

Och livet lyser i mörkret, och mörkret har icke fått makt därmed.

En man uppträdde, sänd av Gud; hans namn var Johannes.

Han kom såsom ett vittne, för att vittna om ljuset, på det att alla skulle komma till tro genom honom. Icke var han ljuset, men han skulle vittna om ljuset.

Det sanna ljuset, det som lyser över alla människor, skulle nu komma i världen.

I världen var han och genom honom skulle världen komma till, men världen ville icke veta av honom.

Han kom till sitt eget, men de egna tog inte emot honom.

Men åt alla dem som tog emot honom gav han makt att bli Guds barn, åt dem som tro på hans namn, och de har blivit födda, icke av blod, ej heller av köttslig vilja, ej heller av någon mans vilja, utan av Gud.

Och Ordet blev kött och tog sin boning i oss, och vi såg hans härlighet och vi såg även en enfödd sons härlighet från sin Fader, och han var full av nåd och sanning.

Johannes Evangelium

HISTORIEN OM JESUS OCH KYRKAN

Till skillnad från österlandets stora religioner är västerlandets religioner baserade på—och en organisk del av—västerlandets historia. Utan dess histori a blir västerlandets religioner meningslösa. De kristnas religion är deras svar på historien om deras Herre som levde i Palestina för 2000 år sedan. Den historien måste därför, åtminstone i grova drag, återberättas.

DEN KÄNDE JESUS

Vad vet vi egentligen om kristendomens grundare, företrädaren för världens största religion, vad vet vi om hans liv och om hans budskap? Svaret är: mindre än vad någon av oss tror. Tveklöst är att han levde och samlade efterföljare i det som idag är staten Israel, att han drog på sig en stark fientlighet från samtida judiska skriftlärda och att han avrättades som en enkel brottsling av den romerska överheten. Det är vad samtida oberoende skriftkällor kan bekräfta.

Men hur Jesus verkligen var, hans uppväxt och vad som påverkade honom och vad som faktiskt var hans lära vet vi faktiskt inte. Det finns inga samtida belägg, bara historier om honom som samlades ihop och redigerades av nästa generation efterföljare. Till och med det tidigaste och mest grundläggande av de fyra evangelierna, Markusevangeliet, skrevs inte förrän omkring år 70. Det senaste, Johannesevangeliet, dateras till omkring år 100 och kan bäst karakteriseras som inspirerad poesi och religiös filosofi snarare än historieskrivning. Det var oundvikligt att evangelisterna gjorde sina egna urval från den muntliga traditionen om den döde Jesus (från berättelser som omformades allteftersom de återberättades) och lade till tolkningar som ofta bekräftade det egna synsättet i den tidiga kyrkans olika teologiska strider. En konsekvens blev därför, föga förvånande, att de fyra officiella biografierna om Jesus ofta skiljer sig åt. En annan konsekvens blev, att vad kristna än sökte för inspiration i dessa texter så gick den att finna.

Mänsklighetens erfarenhet av Jesus är lika rik som mänskligheten själv. Hans inflytande var och är fortfarande enormt. Det är så vi känner honom, men tvärtemot vad man kan tro är det mycket svårt att tillmäta Jesus någon ny insikt, som inte redan fanns i den dåvarande grekisk-romerska tankevärlden eller i judendomen själv. Senare judiska profeter hade redan undervisat om att Guds natur var kärlek och att man skulle älska sin nästa såsom sig själv. De hade till och med antytt att *verkligheten* bakom universum är mer sanningsenligt representerad i den ödmjuke och lidande tjänaren än i den orientaliske potentaten i den tidigare hebreiska traditionen. Och lika känd var tanken om Messias, eller Kristus, Guds utsedde som skulle frälsa Israels barn från sina synder och från det utländska förtryck som Gud hade straffat dem med.

Jesus efterföljare blev övertygade om att han var deras efterlängtade Messias och deras berättelser om honom pekar på att han även påtog sig den rollen. Uppenbarligen fanns något i hans karaktär som stärkte denna övertygelse och som fängslade vanliga människor—och som skapade rädsla och hat i etablissemanget. Kyrkans historia, som vi strax ska titta närmare på, kan beskrivas som förlängningen av Jesu liv och lära och den enorma påverkan som denna enastående och mystiske judiske man har haft på mänskligheten. Den historien säger oss nog inte så mycket om vad Jesus i själva verket tänkte, sade och gjorde i Judéen, men den visar med all tydlighet vad hans liv och död betydde för hans efterföljare. Det handlar inte så mycket om vem Jesus "egentligen" var (vad det nu kan betyda), utan vad han är och har varit i 2000 år efter sin korsfästelse *i andra—i och för oss alla.* Vi kan därför förvänta oss att hitta, i och omkring kyrkan, många (till synes motsägelsefulla) attityder, ritualer och trosåskådningar som alla hävdar att de är sanktionerade av Jesus. Vi ska se om alla dessa motsägelser kan förenas i vår erfarenhet idag och på så sätt kanske levandegöra den sedan länge döde Jesus i våra egna liv.

DET NYA FÖRBUNDET

När deras Mästare förnedrades och dödades, krossades samtidigt lärjungarnas hopp om att han var Messias, som kommit för att upprätta Guds rike på jorden. Besvikelsen kunde mycket väl ha krossat den spirande tron på Jesus Kristus. Det var den uppseendeväckande nyheten om hans uppståndelse som förändrade allt. Var hans framträdande efter döden en uppenbarelse, ett psykiskt fenomen? Var detta beviset på att han överlevt korsfästelsen och återfått medvetandet i graven? Eller var det en gudomlig bekräftelse på den han var, en manifestation av hans nya återuppståndna liv efter döden på korset? Var och en av dessa tre möjligheter har sina förespråkare men den djupt kristna synen, den som kyrkan vilar på, är den sista.

Grundläggande i kristendomen är tron på att Jesus är Guds son, Messias eller Kristus, frälsaren för judarna och hela mänskligheten— hans unika status och frälsande roll bekräftades av att Gud återuppväckte honom från de döda efter tre dagar i graven och, några dagar senare, tog emot honom i himlen. "Om Kristus inte är uppstånden", säger aposteln Paulus till sina korintiska troende, "är er tro förgäves". Det är Kristus uppståndelse som är den kristnes försäkran om den egna uppståndelsen på den yttersta dagen när Gud återvänder till jorden.

Paulus erfarenhet av den levande Kristus var ljudet av hans röst och synen av honom i himlen. Trots att Paulus var jude, såg han det därför som sin mission att förkunna att det Gamla Förbundet mellan Gud och Abraham och dennes efterlevande (som innebar att trohet mot Guds lag skulle belönas med Guds kärleksfulla beskydd) skulle ersättas av Det Nya Förbundet. Enligt detta har Gud själv, i skepnad av sin son, kommit till jorden för att uppfylla lagen för första och sista gången. Han underkastar sig Fadern genom att offra sig, vilket Fadern kräver, och hans kärlek består i evig tid. På så sätt, menar Paulus, blir det Nya Förbundet rättfärdigat genom tro (tro som förverkligas i Guds självuppoffring i Kristus), istället för att rättfärdigas genom förtjänst. Till och med den mest rättfärdige misslyckas med att fullständigt lyda Guds lag. Mänsklig dygd har aldrig fungerat. Gudomlig dygd tar hand om allt—om vi låter den göra det.

Denna väg till frälsning är tolkad och utvecklad av de kristna och är i stora drag grunden i kristendomen. Den gudom som målas upp i kristendomen skiljer sig markant från vad vi hittills studerat. Denna Gud älskar oss så mycket att han stiger ned från himlen och visar sig i ett litet nyfött barn i de allra enklaste och eländigaste omständigheter (som vi romantiserar det där stallet!) och som utsätts för alla tänkbara förödmjukelser och fysiska umbäranden. Mysteriet, Makten och Överhögheten som skapar sig själv (för att inte tala om ett otal ytterligare universa), visar här sitt andra ansikte, nämligen självutgivande kärlek. Denna gudomliga kärlek, som med Dantes ord "sätter solen och de andra stjärnorna i rörelse" är inte något högtflygande ideal, utan i allra högsta grad något verkligt och erfarenhetsbaserat, en kärlek som helt och hållet är en del av sin egen lidande Skapelse.

Vad våra reservationer än må vara om kristendomen, dess eskatologi, lära och ritualer, och dess svårsmälta institutionella historia, måste vi ändå erkänna att vi här möter ett förbluffande påstående, ett i sanning religiöst fenomen. Denna vision av verkligheten—hur många invändningar den än ger upphov till—talar till mitt hjärta som ingen annan. Tveklöst kommer denna känsla från mina föräldrar och min barndoms indoktrinering, som i sin tur går tillbaka till generationer av troende i Palestina för 2000 år sedan, när en byrebell råkade upptäcka att han var den älskade Sonen till en Gud som är kärlek och att han torterades till döds för att han bekände denna upptäckt.

FRÅN JUDISK SEKT TILL STATSRELIGION

Guds Nya Förbund som det beskrivs i det nya testamentet är inte bara ett förbund med det judiska folket, utan med mänskligheten i stort. Under de första åren var den kristna församlingen i Jerusalem en judisk sekt—judisk i såväl medlemskap som utövning. De respekterade den gamla lagen, inklusive omskärelse och de bad i templet. Men i och med templets förstörelse ungefär fyrtio år efter Jesu död och judarnas flykt och fördrivning från sitt hemland, blev kyrkan internationell, universell eller katolsk. Många icke-judar omvändes till den nya tron i kringliggande områden, men flertalet judar vägrade att erkänna Jesus som Messias. Den nya tron kom att snabbt växa, särskilt bland slavar, fattiga och kvinnor i alla samhällslager. Man kan lätt förstå att en religion vars egen Gud blev utstött från sin egen skapelse och som fick utstå alla möjliga förödmjukelser appellerade till dessa utsatta grupper.

Men den nya religionen om den uppståndne Kristus fick omedelbara utmaningar, såväl inifrån som utifrån. Kristendomen kom helt på kant med romarnas trosåskådning där man dyrkade och offrade till gudar och andeväsen, vilka hanterade livets alla aspekter (till och med kloakerna i Rom hade en egen gud, Cloaca), inklusive staten, representerad av kejsaren själv. Varje lojal medborgare förväntades skänka honom sin vördnad som vore han en gud.

De kristna vägrade detta och behandlades som ateister och förrädare och anklagades falskeligen för de värsta illdåd. Kejsare, som Nero, lät de kristna bli syndabockar för egna misstag och utsatte dem för all slags tortyr och grymhet som tänkas kan. Under tre århundraden blev ett otal kvinnor och män offentligt dödade på grund av sin tro . Som underhållning under romerska högtider var det billigare att använda sig av dem än av professionella gladiatorer och akrobater. Till och med den vise och påstått humane kejsaren Marcus Aurelius gav order om att inte visa någon nåd. Men inget av detta hjälpte. "Martyrernas blod är kyrkans frö." Trots, eller kanske tack vare, denna extrema förföljelse uppvisade de kristna ett lika extremt mod och var vid fyrahundratalet utspridda i hela romarriket, inklusive i armén och det kejserliga hovet.

Det var dock fienden inom kyrkan som var det verkliga hotet. Nästan från början uppstod ett antal olika åsikter om det kristna budskapet, om Kristus dubbla natur som både människa och gud, om det exakta förhållandet mellan treenighetens subjekt (Fadern, Sonen och den Helige Ande) och om hur kyrkan och dess ritualer skulle utformas. För många kristna blev teologiska strider tidens sport, där supportrarnas engagemang och våldsbenägenhet överträffade vår egen tids idrottskultur. Lärda biskopar och kyrkofäder slet med att vaska fram svårbegripliga och dunkla doktriner. Man försökte under otaliga kyrkomöten att lösa knutarna, men det hindrade inte de olika församlingarna att välja sida och att med eld och svärd attackera sina kristna vänner, vars meningsskiljaktigheter (tycks det oss nu) knappast var urskiljbara, om de ens existerade överhuvudtaget. Varför? Är det för att människan är född våldsam och att ett religiöst motiv är en lika god anledning, som vilken annan, att ställa till med bråk? Eller är det när en utomstående auktoritet försöker påtvinga oss en "sanning" som krockar med vår egen eller när vi inte tillåts söka vår egen sanning, som vi startar våra småskaliga heliga krig. En mening, ett ord, till och med en bokstavs skillnad mellan din tro och min kunde få anklagelser om kätteri att vina genom luften.

Omkring år 200 hade de olika fraktionerna delats upp i två distinkta läger och skiljelinjen hade definierats—på den "rätta" sidan var de ortodoxa och på den "felande" var kättarna, främst gnostiker, (grekiska för "de som vet"). Vid denna tid bestod kyrkofädernas skrifter framförallt av stridsskrifter riktade mot gnostikerna. De senares åsikt var förstås att det var de som var ortodoxa; men den andra sidan vann, definierade förlorarna som kättare och skrev historien. Vi ska titta närmare på gnostikernas—förlorarnas—doktriner i den andra delen av det här kapitlet. Innan vi kommer dit ska vi studera vinnarna och hur de så framgångsrikt byggde upp den storslagna katolska kyrkan.

KYRKANS TRIUMF

Hemligheten bakom kyrkans triumf, som bestått till våra dagar, var dess auktoritet över sina medlemmar, en auktoritet som legitimerades av tanken att den hade sitt ursprung i den uppståndne Kristus själv, genom apostlarna Petrus och Paulus. Johannes skriver i sitt evangelium att Jesus pekar ut Petrus som herden för sin flock; och i Matteus evangelium står det; "Du är Petrus och på den klippan ska jag bygga min kyrka."

Traditionen (vinnaren) säger att Petrus blev den förste ledaren, eller biskopen, för de kristna i Rom och att han förde denna unika roll, vad gäller kyrkans samtliga frågor och förehavanden, vidare till sina efterträdare. Roms biskop, påven, blev för troende katoliker Kristus representant på jorden, den som ännu i våra dagar avgör vad som är kristen sanning och vad som är irrläror. Den som kan uttala sig i alla frågor som påverkar det kristna livet. Allt det och så mycket mer än det, för det är endast genom kyrkan (hävdade kyrkofäderna) som Gud blir tillgänglig för mänskligheten och utanför kyrkan finns ingen frälsning. Den som satt på den helige Petrus tron hade nycklarna till himmelriket och helvetet i sin hand. Han kunde utöva sin tids mest avskräckande och värsta tänkbara sanktion—uteslutning ur kyrkan och evig bannlysning—på den tiden värre än kejsarens dödsstraff, som ju endast gällde kroppen. Givet att så få vid den här tiden ifrågasatte denna oerhörda påvliga makt, kan man förstå hur den unga kyrkan kunde hålla ihop och samtidigt växa, genom en strikt inre disciplin och en yttre effektivitet som i mycket påminde om Romarrikets egna strukturer.

Det romerska väldets framgång och bestånd, militärt, politiskt och ekonomiskt, var till stor del ett resultat av dess hierarkiska organisation, dess strukturerade ordergivning från kejsaren ned till den enkle soldaten och medborgaren. En annan faktor var ett strängt och väl beprövat rättsligt system som reglerade hela den sociala strukturen. En tredje faktor var latinet, Romarrikets universella språk. Dessa tre framgångsfaktorer anammandes av kyrkan och anpassades efter dess syften. Under påven återfanns i tur och ordning ärkebiskopar, biskopar, lokala präster och pastorer och längst ner den troende lekmannen—var och en skyldig att lyda sina överordnade.

Hierarkin är obönhörligt manlig utom längst ner. Kristus, som en sentida påve noterade, var en man och det var skäl nog till att de som var i kyrkans tjänst skulle vara av samma kön

Så beskrivet kan kyrkan ses som ett enormt verktyg för förtryck och maktmissbruk, som en konspiration mot de godtrogna, i fullständig kontrast mot evangeliets fattige timmerman från Galiléen som startade det hela. Men det vore en absurd förenkling. Trots allt, denna mångsidiga och (inom vissa gränser) välkomnande institution, allomfattande både till sitt namn och sin natur, växte fram som ett svar på vanliga människors behov—människor som bad om regler och ritualer, människor som ännu inte hade tid eller läggning för ett djupare religiöst sökande och som under tiden behövde trygghet och mening i sina liv. Kyrkan har under århundraden anpassat sig till sina medlemmars olika behov och har accepterat förändringar som kommit utifrån. Utan kyrkans trygga famn skulle oräkneliga liv ha genomlevts utan mening och innehåll. På sitt eget vis har Kristus kyrka på jorden öppnat de troendes ögon mot himmelriket.

Kyrkan vann mot kättarna—en brokig samling av begåvade individualistiska mystiker. Men den förtjänade att vinna. Som vi ska se, kättarna var inte kapabla att göra kyrkans jobb. Kyrkan var tillräckligt mäktig och disciplinerad för att skapa vår historia, historien om den västerländska civilisationen. År 312 följde Kejsar Konstantin trenden och konverterade till religionen om Jesus och snart därefter blev kristendomen statsreligion i det romerska riket. Det tog ytterligare några århundraden innan de mer avlägsna "barbariska" stammarna blev kristna, men det skedde—åtminstone till namnet. Några har påstått att det var kyrkan som blev hednisk. Förvisso inkorporerades många hedniska gudar, både manliga och kvinnliga. De döptes om och gjordes heliga som änglar, helgon och lokala manifestationer av jungfru Maria. Kyrkan var realistisk och kompromisser blev maktens pris. Den makten etablerade sig samtidigt som den världsliga makten, Romarriket, föll samman på grund av inre förfall och barbarernas invasioner. Kyrkan övertog kejsardömets funktioner och lyckades behålla något som liknade lag och ordning fram till medeltiden. Kyrkans moraliska sanktioner och internationella organisation, med Rom som centrum, förhindrade anarki och ständiga krig i de nyligen kristnade nationerna i Europa. Det var kyrkan som bevarade det som var värt att bevara från den hedniska grekiskromerska kulturen och gav den vidare till medeltidens Europa och till den civilisation som vi i väst är arvtagare till och möjligen en slutprodukt av.

DEN RELIGIÖSA ENTUSIASMENS TIDSÅLDER

Den verkliga kyrkan är inget abstrakt ideal, inte en livlös institution utan en levande helhet och, enligt Paulus själv, Kristi Kropp. Som sådan består den inte bara av sina oräkneliga medlemmar, jämförbara med den mänskliga kroppens celler, utan också mer specialiserade organ som hjärtat och hjärnan och muskler, som till exempel de tätt sammanvävda och hängivna samfund, som först uppstod i Egypten under de tre första århundradena av kyrkans historia. De blomstrade och diversifierades och finns kvar än idag. Vissa hängav sig åt det enkla livet, som att fasta och ägna sig åt olika asketiska övningar, åt gemensam tillbedjan vid bestämda tidpunkter, åt enskild bön och meditation över Jesus liv och åt kroppsarbete. Vissa ordnar specialiserade sig på att utforma heliga skrifter, att utbilda teologer och religiösa filosofer. Andra, mer utåtriktade, ägnade sig åt välgörenhetsarbete, åt att lindra lidande eller åt att predika och missionera, först bland muslimer och senare över hela världen. Separata ordnar var förbehållna kvinnor. Samtliga, munkar såväl som nunnor, fick efter en tid som noviser avlägga sina löften om att leva i fattigdom, celibat och lydnad.

Det var inte så mycket kyrkans organisationsstruktur och hierarki utan snarare klosterkulturen som bevarade och utvecklade kristendomen, fram till och under dess blomstring under 1300-talet och framåt. Och vilken livskraftig och färgstark blomstring det var! Vi fångar kanske känslan i denna fantastiska tid som bäst i katedralen i Chartres, med sitt mörker som bara lyses upp av det djupt blåfärgade glaset och med sin tystnad som endast bryts av den gregorianska sången, klar som en diamant. Där, i koncentrerad form och bevarad för eftervärlden, återfinns medeltidens enorma längtan efter himmelriket och ambitionen att göra himmelriket konkret och förnimbart med både syn och hörsel.

Denna religiösa glöd kunde inte stängas in inom Europas gränser. En yttre fiende väntade redan, nämligen islam. Runt 800-talet hade en stor del av kristenheten, inklusive det Heliga Landet, stora delar av Östeuropa, Spanien och södra Frankrike ockuperats av muslimska härförare. Frankrike och senare Spanien återerövrades, men Palestina och Gravkyrkan förblev under muslimskt styre. Denna "skymf" fick det kristna västerlandet att genomföra en serie korståg i syfte att driva ut muslimerna. Förutom några få segrar slutade de i nederlag. Historien om dessa heliga krig, vilka pågick nästan oavbrutet i mer än tvåhundra år, är fruktansvärd—eller romantisk, beroende på hur man ser på den. Det skamligaste och mest absurda av dem alla var Barnens Korståg år 1212. Många av de 30 000 barn som seglade ut från hamnen i Marseille drunknade, resten såldes som slavar i Egypten. Endast ett fåtal återfick friheten. Men det krävs förstås värre bakslag än misslyckade korståg för att få en troende att tvivla. Som vi konstaterat får Kyrkan näring från sina martyrers blod.

SPLITTRING

Efter att kristendomen blev det romerska rikets statsreligion upphörde kyrkans interna strider och martyrskapets funktion som sammanhållande kraft och yttersta bevis på den troendes hängivenhet. Plötsligt hade kyrkan blivit respektabel. Den hade inget annat val än att bli opportunistisk, kompromissvillig och världslig. Den tvingades att välkomna folkslag som förutom till namnet fortfarande var hedningar. Den tvingades att dela makten med de civila myndigheter som fanns. Oundvikligen drogs kyrkan in i olika maktspel och hamnade i motsättningar som var mer ekonomiska och politiska än religiösa. En konsekvens blev en splittring av den "katolska och odelbara kyrkan" i olika fraktioner och så småningom i ett otal olika kyrkor. Man kan se detta mångfaldigande som en skandal, en sjukdom som drabbat det Jesus kallade Den Sanna

Vinstocken ("jag är vinstocken, ni är grenarna"), en sjukdom som ekumeniken idag försöker råda bot på. Man kan också se det som ett uttryck för vitalitet, en fruktbar (ännu ej färdig) spridning av rötternas livskraft. Vilket alternativ du väljer beror på var i vinrankan du befinner dig.

Den första stora splittringen, som kulminerade 1054, mellan den västeuropeiska romersk-katolska kyrkan och den östeuropeiska grekisk-ortodoxa kyrkan, berodde delvis på en kontrovers huruvida religiösa bilder skulle få vara tredimensionella statyer eller tvådimensionella ikoner. Den östeuropeiska kyrkan valde det senare som man ansåg utgjorde mindre risk för avgudadyrkan av änglar, helgon och jungfru Maria. Det fanns även skillnader i doktrin. Den östliga kyrkan avfärdade idén om att den Helige Ande härrör från både Sonen och Fadern och avfärdade dessutom idén om skärselden—där man, mellan himmelriket och helvetet, skulle prövas.

Det var och är fortfarande inte några djupare skillnader i trosbekännelse mellan dessa två kristna traditioner. Självklart har huvudfokus och vissa liturgier utvecklats olika—den östliga är mer "mystisk"—men för merparten av dagens kristna verkar det inte finnas något religiöst skäl till att dela Kristi Kropp i två fientliga delar. Detta synsätt delades dock inte av dåtidens kristenhet. På påskdagen 1054 lade påve Leo IX's sändebud ett brev på högaltaret i Hagia Sofia i Konstantinopel (dagens Istanbul), i vilket hela den östliga kyrkan bannlystes. Detta betydde att miljoner kristna helt enkelt dömdes till helvetets eviga lågor eftersom det enligt den romersk-katolska doktrinen inte fanns någon frälsning utanför den katolska kyrkan.

Det är först på senare tid som kyrkan i Rom frångick detta monopol på frälsning.

Nej, det verkliga skälet till den Stora Splittringen var politisk och inte religiös. Konstantinopel krävde frihet från romersk dominans, från det monolitiska och legalistiska romerska förhållningssättet. Ännu idag har den östliga kyrkan en svagare sammanhållen struktur i jämförelse med den katolska kyrkan och är uppdelad i förhållandevis självständiga patriarkat, som mer eller mindre följer nationsgränser. Möjligen är det detta faktum som möjliggjorde dess samexistens—i vissa fall samarbete—med kommunistregimer, på ett sätt som kristna i väst funnit stötande, som exempelvis i Rumänien.

I väst har påvemakten kontinuerligt utövat, i vissa fall utvidgat, sin egen överstatliga auktoritet. På 1400-talet var det till exempel påven som delade upp Sydamerika i en spansk och en portugisisk del, med än i idag uppenbara territoriella och språkliga konsekvenser. Men det fanns fler skäl till att den katolska kyrkan splittrades. En viktig anledning var den slutgiltiga upplösningen av det som åtminstone till en början hade liknat en politisk enhet inom de kristna nationerna.

Det så kallade heliga romerska riket, på 800-talet grundat för att ersätta det gamla romerska riket, lyckades aldrig etablera sig som ett fungerande alternativ. Det fanns en ökande misstro mot kyrkan själv, mot dess världslighet och korruption. De som sökte reformer fick inget gensvar och kände sig därför tvingade att söka sig bort från kyrkan.

En avgörande faktor var också pånyttfödelsen av sekulär kunskap och av nya och oberoende tankesätt bland de kristna. Resultatet blev en återgång, från den katolska kyrkans auktoritet och traditioner, till de tidiga kyrkofäderna, till bibeltexterna och slutligen till den kristne individens eget samvete i direkt förening med Gud.

Det här var de huvudsakliga skälen till reformationens mäktiga rörelse som inleddes på 1500-talet och som fortfarande pågår. Martin Luther i Tyskland blev 1517 den utlösande faktorn. Hans huvudsakliga måltavlor var försäljningen av avlatsbrev (syndernas förlåtelse som erbjöds av kyrkans män i syfte att finansiera återuppbyggnaden av Peterskyrkan i Rom), doktrinen om skärselden, bikten där prästen ger syndernas förlåtelse samt principen om påvens ofelbarhet. Flera andra reformrörelser följde—i Schweiz, Skandinavien, Frankrike, Nederländerna, Storbritannien och andra ställen. Men fragmenteringen av kristendomen i olika protestantiska sekter, inklusive den kvarvarande romersk-katolska kyrkan, innebar ingen djupare andlig splittring.

Ända in i våra dagar är det mindre doktrinära olikheter inom kristenheten än meningsskiljaktigheterna inom den enda kyrkan på 100-talet. Detta bekräftas av det faktum att den ekumeniska rörelsen, som försöker ena kristenheten, inte plågas av några djupare religiösa eller doktrinära skillnader annat än av påvens auktoritet och påbud i frågor som abort, preventivmedel, kvinnors religiösa ställning och av vissa kulturella och etniska skillnader. De större protestantiska trosriktningarna—lutheraner, presbyterianer, metodister, baptister med flera, jämte den ortodoxa kyrkan, delar Trosbekännelsen, åtminstone till sin substans, med den romersk-katolska kyrkan.

Vi tror på Gud Fader allsmäktig, himmelens och jordens skapare.

Vi tror ock på Jesus Kristus, Hans enfödde son, vår Herre, vilken är avlad av den helige Ande, född av jungfru Maria, pinad under Pontius Pilatus, korsfäst, död och begraven, nedstigen till dödsriket.

På tredje dagen uppstånden igen från de döda, uppstigen till himmelen, sittande på den allsmäktige Guds Faders högra sida, därifrån igenkommande till att döma levande och döda.

Vi tror ock på den helige Ande, en helig allmännelig kyrka (den heliga katolska kyrkan), de heligas samfund, syndernas förlåtelse, de dödas uppståndelse och ett evigt liv. Amen.

KRISTENDOMEN IDAG

Den senare utvecklingen har inneburit en ökad mångfald av kyrkor. Många (t.ex. Christian scientists och Mormonerna) befinner sig långt från den romerska kyrkan i både tro och uttryck. En utbredd missionsverksamhet i Afrika och Asien har lett till att antalet kristna i världen (åtminstone nominellt) är större än någonsin. Avgörande för kristendomens fortsatta utbredning (vissa skulle säga dess överlevnad) är hur vetenskapen påverkar bilden av Guds universum med människan i centrum, hur den skapelse är uppbyggd, i vilken hela det gudomliga frälsningsdramat utspelar sig. I kapitel 8 i denna bok tittar vi närmare på de väldiga anpassningar som kristendomen måste göra om den moderna vetenskapens sanningar ska kunna tas på allvar. Låt oss här och nu nöja oss med att konstatera att utmaningen eller möjligheten, som moderna intellektuella kristna står inför—de som respekterar vetenskapens landvinningar som ett uttryck för Guds uppenbarelse—är att förena sina hjärtan med sina intellekt, och kanske trots allt upptäcka, att vetenskapen är bra för deras religion, att den är som en skalpell som skär bort det som är dött.

En alternativ hållning för den kristne som vill bevara sin gamla tro är fundamentalism, den pånyttfödda och missionerande varianten av kristendomen som "går tillbaka till skriften" och söker formella principer på vilka ett deduktivt tankesystem kan byggas i motsättning till allt postbibliskt "sönderfall" av den gudomliga sanningen. Dessa principer, "fundamentaler", tillämpas med deduktiv stränghet. Om bibeln, inklusive Gamla testamentet, motsäger väl etablerade vetenskapliga sanningar så betraktas de som falska. Tillåt mig här tala från egen personlig erfarenhet; jag växte upp med föräldrar som var fundamentalister och vars vetenskapliga kunskap, i den mån den överhuvudtaget existerade, var flera hundra år efter sin tid. Jag kan därför förstå deras övertygelse om att Gud skapade världen omkring år 4004 f. kr. Jag har svårare att förstå ett liknande resonemang (om än mer generellt och mindre precist) från en vän som är en framstående vetenskapsman. Jag kan bara upprepa vad den store Mäster Eckhart (omkr. 1260—1329) hävdade:

Om Gud skulle ge avkall på sanningen skulle jag hålla fast vid sanningen och lämna Gud. Men Gud är sanning.

Och Guds sanning är förvisso tydligare manifesterad i naturen än i böcker. Doktor Gosse, en etablerad geolog och en av Darwins fundamentalistiska motståndare ansåg att Gud hade gjort sig besväret att placera fossiler i äldre berggrund i syfte att "pröva övertygelsen" hos goda bibeltrogna kristna. Det är den sortens Gud vi ger oss i lag med, när vi söker sanningen bland yttre auktoriteter—det må vara böcker, institutioner eller exalterade människor—i stället för att söka den inre källan till all sanning.

GNOSTICISM—DEN ANDRA SIDAN AV HISTORIEN

Citatet från Eckhart pekar på en aspekt av kristendomen som vi hitintills inte talat om. Ända sedan Jesus själv levde har det funnits en "gnostisk" rörelse, diametralt motsatt kyrkans officiella linje. Ibland har den verkat i det fördolda, ibland helt öppet, ibland har den tolererats av etablissemanget, ibland har den förskjutits och fördömts, ibland har den blomstrat, ibland verkat livlös, ibland har kyrkan låtit den vara ifred och ibland förföljt den med svärd, eld och tortyr eller verbala motsvarigheter. Men den har alltid funnits. Vare sig vi kallar den perifer, felaktig, en cancer i Kristi Kropp eller tvärtom dess liv och själ, beror på vilken sida vi själva befinner oss—beroende på vårt temperament och djupet av vår förståelse av vad gnosticism är. Låt oss åtminstone vänta med att ha en tydlig åsikt innan vi hört alla argument för och emot.

En *gnostiker* är en person som hävdar att hon besitter en hemlig kunskap *(gnosis)* om de yttersta tingen. Termen har särskilt använts som etikett på olika "kätterska" rörelser, mer eller mindre kristna, som förekom under kristendomens första tre hundra år och vars lära och tankegångar har förblivit okända förutom genom anklagelseskrifter av deras motståndare, som till exempel Irenus, Lyons biskop (omkr.120—202).

Men 1945 upptäcktes i Nag Hammadi i Egypten en samling gnostiska texter, inklusive ett märkligt femte evangelium— evangelium enligt Thomas—med predikningar av Jesus, varav några dittills okända. Några av manuskripten är daterade till år 140, vilket gör dem äldre än flertalet texter i nya testamentet. Åtminstone en expert anser att Thomasevangeliet mycket väl kan vara baserat på material, äldre än de fyra erkända evangelierna. Det innebär att detta fynd är ovärderligt för förståelsen av kristendomens ursprung och utveckling.

Den gnostiska rörelsen, som utmanat den ortodoxa traditionen och kyrkan ända från början, var så fragmenterad att den saknade en gemensam grund och sammanhållen doktrin. Poetiska bilder (eller vild spekulation) om universums uppkomst och utveckling utifrån en central *källa,* var vanligt förekommande. Vad gäller själva livsstilen föreföll gnosticismen ha fallenhet för extremer—vissa gnostiska sekter omfattade en antisexuell och världsförnekande asketism, andra förespråkade en helt fri livsstil. Irenus och andra kyrkoföreträdare hade inga problem med att hitta ammunition för sina angrepp.

Låt oss lämna åt sidan de stora men perifera frågor, där de olika gnostiska sekterna skilde sig åt och koncentrera oss på vad som förenade dem, vad som utgjorde de avgörande frågorna, den gemensamma grunden. Det handlade inte bara om avvikande meningar i förhållande till kyrkan, utan också om diametralt motsatta åsikter. Den största och viktigaste skillnaden (från vilken de andra kan härledas) var den religiösa auktoritetens lokalitet—platsen där sanningen hittas. Båda lägren påstod sig söka den och även veta var den fanns, Guds sanning, det som befriar oss och skänker lindring för våra rädslor och skapar mening i våra liv. För den hängivne katoliken var sanning en gång för alla definierad genom Jesu Kristi liv och budskap, så som det förmedlades av apostlarna, speciellt Petrus, som grundade den kyrka, som därefter vidmakthölls av hans efterföljare.

Vad den trogne katoliken tror på, hur han ber, vilka ritualer han utför, liksom hur han beter sig ute i världen; allt det styrs uppifrån, via den kyrkliga hierarkin. Sålunda vidmakthålls hans kontakt med Gud inte genom det enkla *här och nu* utan genom den överbyggnad som kyrkan utgör.

"Lekmannen", säger den helige Ignatius, "ska lyda biskopen som om han vore Gud". Han står "i Guds ställe". Gnostikern å andra sidan hittar Gud i det inre, *här och nu i universums mitt* och blir därför också den yttersta auktoriteten över alla frågor av betydelse. Gnostikern finner sin frälsning i självinsikt. Den kan beskrivas som ett uppdagande av en inre klarhet. Istället för förgängligt kött finner gnostikern ett rent och fast ljus, tillräckligt för att lysa upp hela skapelsen. Och det är ett ljus som finns i alla och i allt.

Jesus sade: Om de som leder er säger "Se riket är i himlen", då kommer himlens fåglar dit före er. Om de säger, "Det är i havet", då kommer fiskarna dit före er". Nej, faktum är att himmelriket är inom dig." Hans lärjungar bad honom: "Visa oss platsen där du är, ty det är nödvändigt för oss att komma dit". Han svarade: "Det finns ljus

i ljusets människa och det lyser upp hela världen. Om det inte lyser,
råder mörker.

Thomas-evangeliet.

De kan jämföras med Jesu ord i de vedertagna evangelierna:

Guds rike kommer inte på ett sådant sätt att man kan se det. Ingen
kan säga "Se, här är det", eller "Där är det"; Nej, Guds rike är redan
här, i er, här och nu.

Lukas 17:20-21

Ögat är kroppens ljus; om ditt öga är ett kommer därför din kropp
bli fylld med ljus. Men om ditt öga är fördärvat kommer din kropp
bli fylld med mörker. Om därför ljuset i dig är mörker, hur stort är då
inte det mörkret!

Matteus 6:22-23

Det är omöjligt att avgöra vilka av dessa två olika synsätt—de
ortodoxa eller det gnostiska—som återspeglar vad Jesus verkligen
sade. Men vad som står helt klart är att gnostikerna har skäl att hävda
att deras djupaste insikter härrör ur Jesus själv. *Sök honom genom*
att börja med dig själv. Du finner Honom inom dig, säger gnostikern
Monoimus.

Ur denna insikt föds andra inte mindre viktiga, som att smärta,
exempelvis Jesu lidande på korset, är för dem som *vet* något som
pågår i kroppen *där* samtidigt som anden *här* är oberörd. Det
påminner, som vi sett tidigare, om liknande upplevelser bland
hinduiska vishetslärare. Det var inte konstigt att den utsatta kyrkan
motsatte sig denna tolkning som orättvis mot de kristna martyrerna,
för att inte tala om Jesus.

En annan gnostisk inriktning var att *verkligheten* eller *källan* upplevdes som *alltings moder,* eller åtminstone som något androgynt. En manlig gudom erkändes förvisso men han var nedgraderad som "Demiurgen/Världsskaparen" (som hos Platon) eller som den "Skapande Guden" och ansvarig för det mindre viktiga materiella kosmos. Han hade stått för fallet från *källans* rena andliga verklighet. Här kan man höra ett eko från den hinduiska distinktionen mellan den Högste Brahman som den inneboende Absolute och den Erkände Brahman som är skaparen, som är fullt upptagen med att sköta om universum; eller Eckharts lika skarpa distinktion mellan Gud, som besitter egenskaper och den gränslösa odefinierade Gudomen. Det är den Gudomen som gnostikerna beskriver som *Skötet, Alltets Moder.*

Vi har redan konstaterat att människor som dras mot den här typen av religiös erfarenhet och bildspråk tenderar att vara fredsälskande, toleranta, mottagliga och svårstyrda. Detta speglar troligen de tidigaste gnostikernas sätt att vara och kanske var det därför som de mer eller mindre försvann, nästan spårlöst, på 300-talet.

För att vara rättvis gentemot motståndet; den överdrivna manligheten i den katolska strukturen, från Gud Fader ner till den celibata byprästen har haft en motvikt i kulten kring Jungfru Maria, som framförallt fått sin näring underifrån. Märk väl att hon inte bara är "Moder" utan "Guds Moder". Att behovet av en kvinnlighet "i himlen" förefaller tidlöst visar sig i senare tids påvliga beslut att göra Jungfru Marias himmelsfärd till katolsk doktrin. Gnostikerna gick så långt att de utsåg kvinnor till lärare och präster, vilka också kunde utdela sakramenten. Det verkar som om de styrde sina kyrkor efter demokratiska principer där medlemmarna turades om att leda gudstjänsterna.

Detta var naturligtvis bara ytterligare en synd, enligt den officiella kyrkan. Men synd för de flesta gnostiker var inte så mycket vad du gjorde med din kropp, utan snarare hur du identifierade dig med den, övertygelsen att du var instängd för livet i denna "köttets boning". Det här leder oss till den mest slående skillnaden mellan de kristna som "vann" och de som "förlorade". För de förra grundades tron på Jesu död och återuppståndelse, som i sin tur också blev den troendes död och återuppståndelse. Gnostikerna däremot hävdade att detta skulle ses symboliskt och inte som något som faktiskt hänt. De påstod att den verkliga döden är nu, nämligen då du upptäcker att du inte är en materiell köttslig varelse och heller inte en mental psykisk varelse.

Du är ingenting. *Du har frånvaro som en vinst,* säger *Skrift över återuppståndelsen* (ca. år 180) som hittades i Nag Hammadi. Din verkliga återuppståndelse är nu då du upptäcker att du redan är ljuset och i grunden andlig och himmelsk och därför ett med *Alltet. Frälsaren,* enligt samma skrift, *svalde det synliga genom det osynliga och gav oss vägen till vår odödlighet.* Det är den andliga återuppståndelsen som *sväljer det psykiska* på samma sätt som det *köttsliga.* Återuppståndelsen är uppenbarelsen av det som är. Varför inte redan nu betrakta dig som uppstånden?

Vi kan mycket väl fråga oss vilket av dessa två religiösa synsätt som vilar på solida erfarenheter och bevis och vilket som vilar på hörsägen, spekulation och önsketänkande. Vi kan hursomhelst lätt förstå varför den tidiga katolska kyrkan inte kunde göra annat än att bekämpa den lära som ifrågasatte dess själva fundament. Biskopar började anklaga gnosticismen som kättersk omkring år 150 och runt 350-talet hade den praktiskt taget försvunnit. I alla fall föreföll det så.

SENTIDA GNOSTICISM

Faktum är att gnosticismen var "inbyggd" i kristendomen redan från början och den kunde inte utrotas. Tid efter annan dök den upp, ibland uppblandad med en hinduisk-buddhistisk typ av reinkarnation eller en manikeisk dualism. Mani var en persisk gud levande på 200-talet och som lärde att gott och ont var lika starka krafter. Paulikanerna i Syrien på 600-talet, katarerna i södra Frankrike på 900-talet och framåt och bogomilerna på Balkan på 1100-talet, är alla exempel på gnostiska rörelser. De nedkämpades alla brutalt av kyrkan som 1233 instiftade den Heliga Inkvisitionen i syfte att bekämpa ytterligare kätterska utbrott. Bara i Spanien lär över 30 000 kättare—gnostiker, judar, muslimer och andra—ha bränts levande på bål som ett resultat av inkvisitionen innan den slutligen upphörde där år 1835.

Under kyrkans hela historia har gnosticismen under ytan i allra högsta grad varit levande bland individuella mystiker, bortom inkvisitionens uppmärksamhet. De har tolererats för att de underkastade sig kyrkans disciplin och regelbundet tog del av sakramenten, för att de motiverade sina väl formulerade mystiska yttranden med noga utvalda referenser från bibeln och för att de flesta levde heliga liv och inte kunde anklagas för att bryta mot Guds lagar eller sociala normer.

Här behöver vi klara ut vad vi menar med gnosticism så som den kommer till uttryck hos dessa kristna mystiker som till det yttre försökte framstå som ortodoxa kristna. Vi har definierat en mystiker (se kap. 1 Varför Studera Religion) som en person som finner en inre Gud eller *verkligheten inom sig*. Kristna mystiker, om de är gnostiker, är tydligare och går ännu längre.

1 De hävdar att känna sig själv är att känna Gud

Självkännedom leder till kännedom om Gud.

Mäster Eckhart

Kristendomen handlar bara om en sak, att lära känna sig själv, varifrån vi kommer och vad vi är.

Jakob Böhme (1575—1624)

2 De ser Gud—källan till allt—som sitt innersta väsen

Mitt jag är Gud och jag erkänner inget annat jag än Gud själv.

Katarina av Genua (1447—1510)

I själens mitt är Gud.

Johannes av Korset (1542—1591)

3 De skiljer på denna kvinnliga källa och dess manifestation som Skaparen –Fadern

Det verkade för en själ som en dröm (det var en vakendröm) som var fylld med ingenting, som en havande kvinna, och i detta ingenting föddes Gud.

Mäster Eckhart

4 De upplever en "förverkligad eskatologi"—deras död som kropp och uppståndelse som ande, nu.

Om ni så har uppstått med Kristus, sök det som är ovan... För ni är döda och ert liv är dolt med Kristus i Gud.

Paulus

5 De ser sig som transparenta, som Ljus

När ditt öga är ett är även din kropp fylld med ljus.

Lukas-evangeliet

Ljuset är så starkt att den kärleksfulle troende, i djupet av sin själ, ser och känner inget annat än detta obegripliga Ljus; och genom den enkla Nakenhet som omger allt, ser och känner han sig själv som samma Ljus, genom vilket han ser, och inget annat.

Jan Ruysbroek (1293—1381)

6 De erkänner detta Ljus som den inneboende Helige Ande som leder till all sanning och frigör dem från yttre påverkan.

När han, sanningens Ande, uppenbarar sig, kommer han att leda dig till all sanning.

Johannesevangeliet

De är de mest fria, ja, kanske de enda som är verkligt fria, som tillåter sig att ledas i allt, endast och fullt ut av Guds Ande.

Jean Nicolas Grou (1731—1803)

7 De ser människan och kosmos som koncentriska ringar som strålar ut ur en Kärna som representerar Gudomen.

Fixera blicken mot Kärnan, Kungens boning... Hur stort, magnifikt och rymligt du tänker dig detta slott att vara, kan du inte överdriva det; din själ sträcker sig längre än allt ditt förstånd, och Solen i detta palats lyser upp varje del av det.

Teresa av Avila (1515—1582)

Från den eviga Gudomen flödar... små ringar som kan ses som ett tecken på det ädla hos allt levande.

Henrik Suso (1295—1365)

Det finns inte en enda kristen mystiker som uppfyller alla dessa sju gnostiska kriterier. Men å andra sidan innebär det, om man överhuvudtaget är en mystiker (som vi definierar det), att man uppfyller dem alla mer eller mindre underförstått och några av dem mer uttalat. Det förefaller som om samtliga kristna mystiker är överens om de stora frågorna.

ATT FÖRNEKA ELLER BEJAKA VÄRLDEN

Eller snarare; de är överens om allt utom i en viktig fråga. Några av de stora mystikerna förminskar, eller förnekar betydelsen av, den materiella världen till förmån för den andliga, medan andra lika stora mystiker ivrigt omfamnar världen. För de förra består ondska av den oheliga treenigheten Världen, Kroppen och Djävulen. Materia, sex, själva skapelsen är i bästa fall distraktioner från det andliga livet, om inte ren ondska. "Om människan älskar världen är kärleken till vår Fader inte i honom."(Johannes 2:15) En stor del av hinduisk andlighet går i samma riktning liksom det mesta inom den kristna traditionen—gnostisk eller inte—fram till 1200-talet.

Fransiskus av Assisi (1182—1226) ändrade detta tankemönster. Han återupptäckte Guds skapelse och omfamnade den, inte bara i tron utan i en upplevelse av att "varje levande väsen är en manifestation av Gud." (Johannes Scotus Erigena ca år 850). Från hans tid och till idag har oräkneliga kristna konstnärer och poeter och mystiker sett naturen som något som uppenbarar, inte något som döljer Gud. Några går så långt som att hävda att Gud är Natur.

Lösningen på konflikten är inte att försöka förminska den utan snarare att ytterligare lyfta fram den—så som den faktiskt uppstår i erfarenheten hos den som lever dess lösning. Låt oss urskilja tre stadier i hans eller hennes andliga utveckling.

UTÅTVÄNDHET

Det är här vi alla startar—utåtblickande, öppna mot världen och i världen. Det är också så otaliga människor, inklusive många sant religiösa människor—lever sina liv. De tillhör, med William James ord, "det sunda förnuftets religion." Om de är aktiva medlemmar i en kyrka är de mindre upptagna av doktrinernas sanningshalt, sin egen frälsning och andliga utveckling än av att kärleksfullt hjälpa församlingen eller mänskligheten i stort. De tycker om världen och människorna i den. Om de råkar vara präster, munkar eller nunnor, uttrycker de sin religiositet genom att prisa och tacka Gud för alla hans gåvor, snarare än genom ett inåtvänt sökande. Många— kanske de flesta—kristna helgon har haft detta kännetecken, deras rättframma kärlek till sin Herre har manifesterats i kärlek till hans folk. Sådana individer tenderar att vara muntra, välanpassade, sociala snarare än enstöringar och dras inte mot vare sig extrem asketism eller extrem njutningslystnad. William James kallar dem "en-gång-födda"

INÅTVÄNDHET

Ödet leder några av dessa relativt lyckliga själar—vanligtvis i ungdomen eller i tidig vuxenålder—in i en återvändsgränd utan möjlighet att komma vidare. Plötsligt går allt fel. Allt de företar sig misslyckas, vännerna sviker, självförtroendet försvinner och världen mörknar. De tvingas att vända sig inåt bara för att finna ett ännu värre tillstånd inombords; personliga tillkortakommanden, skuldkänslor, kanske förtvivlan. De blir nu "sjuka i själen".

Yttervärlden, hur hotande den än må te sig, blir ett intet i jämförelse med den inre världen med sina demoner, rädslor och självförebråelser. John Bunyan (1628—1688), författare till Pilgrims Resa och poeten William Cowper (1731—1800), var seriösa kristna som tillbringade åratal i detta sorgliga tillstånd.

Det här andra stadiet i ens andliga liv, är enligt många kännare, oundvikligt för en sann andlig utveckling, hur sjukligt det än kan te sig när det inträffar. Det är ett djup som inte kan överbryggas och om man inte bottnar i det kommer man inte vidare. Evangeliska protestanter som metodister och baptister har insisterat på att "övertygelsen om synd" är ett förspel till upplevelsen av "frälsning genom tro på offret av Jesus Kristus". Liknande tankar finns i de flesta kristna trosriktningar. Den kristne mystikerns väg till det *enade livet* går via *Själens Mörka Natt*. Andra religioner uttrycker samma tanke. Som vi redan konstaterat, kan zenlärjungen vända om och upptäcka den oändliga lättnaden i Satori eller Upplysning, först när han uttömt alla sina krafter, hemfallit åt ren galenskap och reducerats till ett desperat ingenting.

OMVÄNDELSE

Ett tecken på sann upplysning eller omvändelse (som betyder att nu vända blicken utåt igen efter att ha skådat inåt) är plötslighet. Denna helomvändning sker inte gradvis. Mörkret ger inte bara delvis vika för Guds Ljus och inte heller fylls tomheten med alltet i portioner. Det betyder emellertid inte att denna omvändning, detta ljus och denna uppfylldhet, sker en gång och för alltid. Den förverkligade mystikern rör sig fritt in och ut, ena stunden tom, andra fylld, tills han eller hon slutligen vilar i ett tillstånd där tomheten är fylld och där allting, all verklighet, är helig.

"Inget kors, ingen krona" eller, som Jesus själv uttryckte det, "Saliga är de fattiga i anden, ty dem tillhör himmelriket." De som bara är ganska fattiga i anden ärver något mindre. Johannes av Korset, i sitt liv som i sina ord, var kompromisslös: *För att du ska kunna omfatta allting, sträva efter ingenting.* Den helige Franciskus valde Fru Fattigdom som sin älskarinna—inte bara avsaknad av materiella ting, utan avsaknad av all andlig tröst visade sig som ett stigma. Vid sin död bar han de fem såren från sin korsfäste Herre. Och eftersom han gick hela vägen in i *ingenting* så gick han hela vägen ut i *allting.* Det är ingen tillfällighet att han, unik bland de stora kristna mystikerna, älskade allt levande så passionerat och att han fann sin lycka i att tillgodose deras behov. Den fattigaste mannen under den kristna medeltiden var den rikaste. Man skulle kunna säga att han försvann som Franciskus och återuppstod som alla andra. Den största sorgen en man kan uppleva, enligt Icke-Vetandets Moln (omkr. år 1350), är känslan att han är. Men när han—genom ett sökande i det inre och i sant armod—förlorar den känslan och är helt naken, då är han helt ute i världen, endast klädd i det han älskar. "Om man inte är någonstans fysiskt, så är man andligt sett överallt", säger Molnet; eller, som vi skulle kunna uttrycka det, man finner sig själv överallt utom här.

En mer sentida kristen mystiker, Thomas Traherne (1637—1674), är ett underbart exempel på en som inte stannade i sin inre resa och inte heller (som en konsekvens) i sin yttre resa. *Varken kanter eller gränser som i en skål ser vi. Min Essens var Kapacitet.* Av alla kristna mystiska poeter är han den som är mest frånvarande i sig själv och mest närvarande i världen, identifierad med den och extatisk av den: *Tills din ande fyller hela världen, och stjärnorna är dina smycken, tills du känner Guds vägar i alla tider som du känner din egen gång och ditt bord; tills du blir nära vän med det gråa ingenting, ur vilket världen skapats; tills du så älskar människan att hennes glädje och törst blir lika viktig som din egen; tills du gläds i Gud för att vara god mot alla; kommer du aldrig ordentligt kunna uppskatta världen.*

Man skulle kunna beskriva Traherne som en sann man av zen. För den sanna upplysningen i zen stannar inte vid det gråa ingenting. Som Dogen (Japan, 1200—1253) skrev: *Att förstå buddhism är att förstå jaget; att förstå jaget är att glömma jaget; att glömma jaget är att bli upplyst av alla varelser.* Genom att förstå hur världsförnekande andlighet kan övergå i världsomfamnande andlighet i kristendomens historia, har vi sett hur de följer varandra, även i den enskilde troende kristne. Oundvikligen antydde vi att vissa är "mindre upplysta" än andra och vi använde adjektiv som *en-gång-födda* och *två-gånger-födda.* Dessa tidsbundna kategorier är bara tillfälliga. I slutändan saknas ingen kategori och inget tillstånd. Allt förutsätter indirekt allt. Av det följer att Kristi Kropp, kyrkan som en helhet, ytterst inte är uppbyggd av mer eller mindre hedervärda delar och funktioner, på samma sätt som den mänskliga kroppens organ inte kan listas i betydelseordning. Kyrkan är som kroppen en odelad helhet som hålls ihop av sina inre kontraster och konflikter. De till synes oförenliga varianterna, temperamenten och riktningarna inom kyrkan är dess livs hemlighet—på samma sätt som kontrasten mellan styvheten i handens ben och flexibiliteten i handens muskler kan få min hand att röra sig.

Varken den etiska eller mystiska riktningen, varken den extroverta eller den introverta, är överlägsen. Problemet med den ensidige mystikerns strävan mot själv-insikt (JAG ÄR) är att betydelsen—t.o.m. själva existensen—av de andra *vägarna* förnekas. På motsvarande sätt innebär det ensidiga helgonets fokus på tillbedjan och överlämnande (JAG ÄR INTE) att betydelsen—t.o.m. giltigheten—av Jaget förnekas. Men när dessa två riktningar sammanfaller i helgonet som mystiker, finner hon, just därför att hon är, är hon allt det som fyller hennes tomhet (JAG ÄR ALLT).

För att sammanfatta kapitlet och skapa en översikt över denna vitala "motsättningarnas förening", titta på diagrammet nedan.

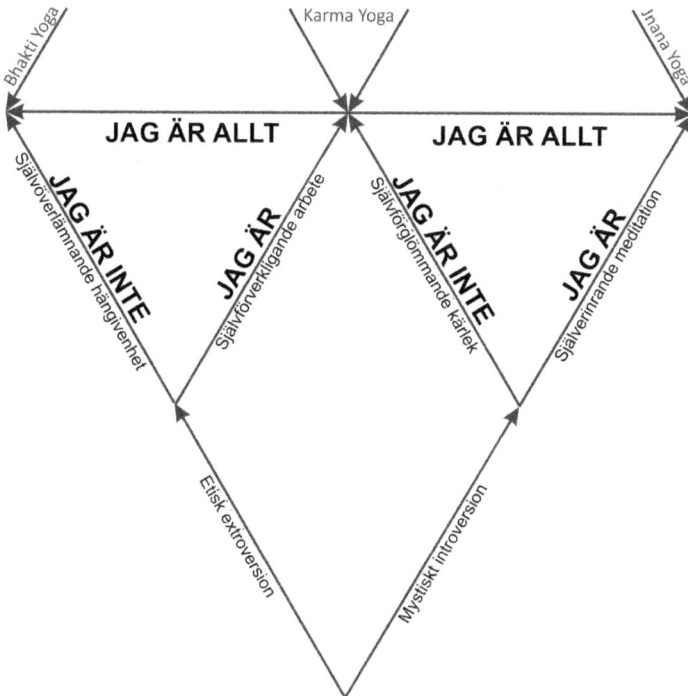

Det visar att alla av de kontrasterande men ändå komplementära Vägarna—själverinrande, självförglömmande, självförverkligande, självöverlämnande hängivenhet, och deras motsvarigheter i andra religioner—samtliga leder *hem*. De uppåtgående sidorna av triangeln pekar på en av de stora skiljelinjerna i det andliga livet och deras bas (högst upp) visar hur de kan överbryggas.

EN KROPP

Kristendomen är ett träd med många grenar. Genom att förlora sig själv kommer den kristne ner till dess rot, till mysteriet som är dolt i mörker. Eftersom han (eller hon) omfattar den roten och blir den närande roten, blir han också hela trädet med dess bladverk och frukter. Till sist har han inga preferenser, inga personliga åsikter. Han väljer att inte tillhöra någon av alla de otal sekter, doktriner och trosinriktningar som ryms inom kristendomen, för han bottnar i deras gemensamma *källa*. Han är allt, och han är fri från allt, och det är i allra högsta grad något gott. Inget i denna fantastiska rörelse, i den unika inspiration som kristendomen är, kan avvaras. Och var och en, i den sanne mystikerns ögon, är för evigt rotad i *varats grund*, och är en unik och oumbärlig blomstring i denna *grund*.

KAPITEL 7: ISLAM

Gud är allsmäktig.

Gud väljer sina budbärare bland änglar och bland män för Gud är Den som hör och ser.

Han vet vad som har varit och vad som komma skall och till Gud ska allt återvända.

Åh ni sanna troende, böj era huvuden, knäböj och tillbe er Herre, och var rättfärdiga så att ni blir lyckliga, och som er plikt slåss för att försvara Guds sanna religion.

Han har valt dig och inte påtvingat dig några hinder i den religion han skänkt dig, Fader Abrahams religion.

Han har kallat er muslimer... så att vår Apostel kan bli ert vittne på den yttersta dagen och så att ni kan bli mänsklighetens vittnen.

Därför ska du alltid be och ge allmosor och strikt lyda Gud. Han är din herre, den bäste herren, den bäste beskyddaren.

Koranen

EKVATORIAL MONOTEISM

Vi har nu kommit till islam, religionen som är grundad av profeten Mohammed och hans efterföljare. Det är den senaste och en av de mest framgångsrika av de stora levande religionerna. Den har spridits från sitt ursprung i Arabien till Nordafrika, större delen av Mellanöstern, Centralasien, den indiska subkontinenten (särskilt i de regioner som idag utgör Pakistan och Bangladesh) och Sydostasien. Det är således en religion som främst återfinns i ekvatoriala områden. Den omfattar idag knappt 2 miljarder människor, men många av dessa, även om de till namnet bekänner sig som muslimer, har behållit gamla och lokala sedvänjor och skulle lika gärna kunna beskrivas som animister.

I sitt allmänna förhållningssätt är islam en västerländsk religion liknande judendomen och kristendomen, även om den förstås har tagit på sig en mer orientalisk stil i sin spridning österut och söderut. Den började som en protest, liknande de gamla bibliska profeternas, mot den rådande polyteismen. Islam insisterar på En Gud, Allah den Allsmäktige. Muslimer hävdar att deras religion är mer strikt monoteistisk än kristendomen. Mohammed själv anklagade de kristna för att vara *triteister*, att de dyrkade tre gudar: Gud Fader, Jesus och Jungfru Maria.

PROFETENS LIV

Mohammed var arab och araberna är ett semitiskt folk, släkt med det judiska. Under hans levnad—han föddes omkring år 570—fanns det både judar och kristna i arabvärlden, men det stora flertalet araber var då fortfarande polyteister. De mest betydande av deras andeväsen var de som hade sin hemvist i stora stenblock eller megaliter, liknande dem i Stonhenge i England. Mohammeds egen stam utgjorde de traditionella väktarna av de heliga megaliterna vid den stora helgedomen i Mecka.

Mohammed själv levde i Mecka och verkade där som köpman. Ibland reste han i affärer till grannländerna och lärde där känna såväl kristna som judar. Han gifte sig och fick tre barn, alla dog unga. När han var i fyrtioårsåldern förändrades han plötsligt. Han blev hålögd och rastlös, slutade att äta regelbundet och började vandra runt planlöst i trasiga kläder. Hans beteende påminde mycket om de gamla bibliska profeternas när Herren började tala genom dem. Därefter fick Mohammed sina syner, först i en grotta och sen i vildmarken utanför Mecka. Han hörde röster och såg eldskrift på ett tygstycke. Det följdes av en serie uppenbarelser i en starkt poetisk språkdräkt, som Mohammed hävdade var både till form och innehåll givna av Gud; som en obildad man var de bortom hans stilistiska förmåga.

Uppenbarelserna skrevs ner och sammanställdes därefter i en stor bok, den Heliga Qur'an eller Koranen, islams heliga skrift. Några av de senare uppenbarelserna kan ha varit hans egna medvetna tankar, men de tidigare var det definitivt inte. De "dikterades" för honom, de var profetior, "Herrens Ord" som talade till och genom honom, Profeten. Hans tillstånd när detta skedde var synnerligen exalterat. Han var utom sig, i en slags trans. Han skakade och svettades. Tillstånd när man blir besatt av anden, från för-bibliska tider till de tidiga kväkarna i England och Shakers och Holy Rollers i USA, tenderar att gå hand i hand med liknande fysiska yttringar. Ibland är de mycket våldsamma.

Den sanning som uppenbarade sig för Mohammed i öknen var Guds absoluta enhet och överhöghet. Han började samla efterföljare till denna tro och attackerade Meckas polyteistiska kulter med sina megalitiska avgudar. Han mötte våldsamt motstånd från dem som hade egenintressen i den gamla polyteismen och så småningom (år 622, det första året i den muslimska kalendern) blev han verksam i Medina, en stad i närheten, huvudsakligen bebodd av judar och kristna. Bland dem, trodde han, skulle hans monoteistiska idéer tas emot väl. Men de betraktade honom som en äventyrare utan något tydligt religiöst budskap. Han vände sig då till sitt eget folk.

Så långt var hans besatthet av Gud lik andra profeters; men där och då förändrades hans roll från att vara en siare till att bli en statsman. I Medina välkomnades hans budskap av många araber och de tog till slut över kontrollen av staden. Därefter följde ett decennium av snabb expansion genom överfall, krig, tvångskonvertering—eller slakt—av judar samt en relativt skrupelfri diplomati. Det ledde till erövringen av Mecka och förstörelsen av dess helgedomar. Vid tidpunkten för sin död i 62 års ålder, år 632, behärskade han hela Arabvärlden och var på väg att ytterligare utvidga sitt heliga välde. Islam hade inlett sin utveckling, delvis genom övertalning, delvis med hjälp av våld, till att bli den världsreligion den är idag.

PROFETENS KARAKTÄR

Kan två män vara mer olika än dessa två—den förhållandevis milde grundaren av kristendomen och krigsherren som grundade islam?

Fastän de var av samma etnicitet och kanske även hade likartat utseende, förefaller de inte ha något gemensamt. Inte ens troende muslimer påstår att deras profet var helgonlik och de har aldrig beskrivit honom som gudomlig. De ser honom som han såg sig själv, som den siste av de stora profeterna (inklusive Jesus), men lika mänsklig som någon annan. Inte heller påstod Mohammed att han kunde utföra mirakel. Det sägs att han levde ett mycket enkelt och strängt liv. Det hindrade honom dock inte från att skaffa flera hustrur. En "uppenbarelse" tillät honom fjorton stycken, eller fler. En av dem fick han genom en "uppenbarelse" som krävde att hans vän Zaid skulle skilja sig från sin fru så att hon kunde gifta sig med profeten.

Vi bör vara försiktiga med att döma Mohammed med våra normer. Tveklöst såg han sig som ett enkelt redskap för Herren, vars vägar är outgrundliga och inte följer våra enkla mänskliga regler. Det som Allah kräver kan inte vara syndigt. Mohammeds djupa uppriktighet attraherade, och höll kvar, trofasta vänner och efterföljare. Hans magnetism och naturliga auktoritet var övertygande och det vore absurt att tro att hans framgångar först och främst berodde på våld och list.

PROFETENS BUDSKAP

Nyckeln till hans sanna karaktär ligger snarare i hans budskap än i hans liv. För muslimer är Mohammed ett sändebud, den Allsmäktiges budbärare. Jesus predikade Guds kärlek, Mohammed predikade Guds absoluta överhöghet, transcendens, odiskutabla makt (som för oss ofta verkar godtycklig) och allsmäktighet. Jesu Gud är vår Himmelske Fader och vi är hans barn som han älskar och har omsorg om. Mohammeds Gud är Allah den Allsmäktige och muslimer är hans enkla slavar. Islam betyder underkastelse och muslim den underkastade. Och där är det, i tre ord. Underkastelse inför Gud. Det är förvisso sant att Allah omnämns med åtminstone 99 olika namn— det viktigaste den Medkännande och den Barmhärtige—men dessa namn ska inte ses som förmildrande eller att de gör *Honom* mer intim. Allah är inte lika "personlig" eller "mänsklig" som kristendomens Gud. Han är alltför stor för att passa in i några mänskliga koncept. Därför kan vi inte störa *Honom* med våra vardagsbekymmer eller överhuvudtaget be *Honom* om några tjänster. Vi kan bara vädja ödmjukt om barmhärtighet, förlåtelse och vägledning. För en muslim är bönen framförallt en handling av underkastelse och överlämnande.

För en muslim framstår den kristna bönen som en artig påminnelse till Gud om hans ansvar, till och med hur han ska utöva det. Det är ett faktum att vissa kristna, i synnerhet om de tillhör vissa protestantiska rörelser, har som vana att tala till Gud på ett öppet och vardagligt sätt, som till en vän eller familjemedlem. När rädslan, respekten och förundran för *Honom* vars namn vi knappt vågar uttala, har försvunnit från vår religion, är det då fortfarande religion? Den sanne muslimen skulle svara nej.

Den gudomliga Överhögheten och ondskan i avgudadyrkan är centrala motiv i Koranen. Det finns inte så mycket annat i denna omfattande samling, som vi behöver uppehålla oss vid. En stor del har tydliga paralleller med judiska och kristna dygder; fasta och regelbunden bön, deltagande i församlingens gudstjänster, generositet med allmosor och ett ärligt, flitigt, vänligt sinnelag, samt att åtminstone en gång vallfärda till Mecka och kraven: att avstå från hasardspel, mutor, ocker, griskött och alkohol—allt detta är muslimens plikter. Det är också en religiös plikt att delta i det heliga kriget mot de otrogna, en kategori som judar och kristna kan undantas ifrån såsom varande folk med heliga skrifter och som inte är avgudadyrkare. Den gode muslimen påminner om den kristne puritanen, förutom att han verkar ha mindre emot sex. Det finns upprepade varningar för Guds vrede, för domedagen och helvetets lågor som väntar syndaren—i synnerhet den otrogne som förnekar islam. Där finns också glödande beskrivningar över de fröjder (en del av dem sensuella även om de också kan tolkas andligt) som väntar den troende i paradiset.

Det finns en gåta i allt detta. Vilket behov fanns egentligen av islam? Vad är dess unika budskap, hemligheten bakom dess enorma framgång och attraktionskraft? Islam tillför inte särskilt mycket nytt jämfört med judendomen och kristendomen, som båda i så hög grad påverkat islam. Vad fanns hos denne föga beundransvärde köpman från Mecka, med sina extatiska besvärjelser, som kan förklara islams dragningskraft på miljontals människor av skilda folkslag världen över? Vad är källan till den iver, ibland gränsande till fanatism, som muslimer uppvisar? Och framförallt, vad finns i denna religion för oss?

MUSLIMSK BÖN

Mycket av islams framgång har att göra med dess religiösa praktik, med sättet att dyrka och tillbe. Det finns inga präster, inga professionella förmedlare mellan människa och Gud, även om en imam—en from man med djup kunskap om Koranen—leder församlingens böner. På fredagar förväntas varje muslim gå till moskén, där gudstjänsten mycket påminner om den i kristna kyrkor. Där hålls en predikan och andaktsövningar, som församlingen svarar på med särskilda rörelsemönster. Förutom fredagsbönen förväntas varje muslim att förrätta bön fem gånger om dagen—i gryningen, mitt på dagen, på eftermiddagen, vid solnedgången och vid sängdags. Var han än må befinna sig, ska han vända sig mot den heliga staden Mecka och utföra åtminstone en raka. En raka består av åtta olika varianter av tillbedjan, var och en med sin egen bön med tillhörande rörelsemönster. Bönerna består av en serie erkännanden till den Gudomlige Allsmäktige och slutar med en vädjan om nåd och en bön för Profeten och de trogna. Rörelserna består i, att stå upp med utsträckta armar och med sänkta armar, att böja huvudet, att stå på knä och att vidröra marken med pannan.

En god muslim spenderar följaktligen så mycket av sin tid i bön att Allah nästan ständigt är i tankarna. Målet är att han ska bli en fullödig utövare av dhikr, hågkomst av Gud. Metoden, de fem bönestunderna, påminner om de kristna klostrens sju tider för bön (matins, prime, terce, sext, none, vesper och compline) då munkarna helt och fullt ägnar sig åt kontemplation och hågkomst av Gud. Islam ställer höga krav på den muslimske lekmannen.

Men oavsett trostillhörighet, gäller för oss alla (vilket vi tidigare uppmärksammat), att det är oerhört svårt att behålla fokus, oavsett på vad, mer än några sekunder i taget. Att be när ens tankar är miltals borta är inte bön och innebär definitivt inte att ihågkomma Gud. Islam löser denna enorma utmaning genom att länka varje tillbedjan, varje kort bön till en särskild kroppslig ritual. Hela kroppen blir på så vis en del av gudstjänsten. Den är till för att be! Visst, det hindrar inte tankarna från att vandra, men underlättar ändå kontrollen av dem, genom att hela tiden återföra den troende till bönens ritualer. Den kristna gudstjänsten använder sig i viss mån av liknande hjälpmedel när man omväxlande står upp, sitter eller knäböjer. Men islam har utvecklat metoden än mer och gjort den till en del av det dagliga livet. Som tillämpad psykologi kan det inte bli bättre.

Och den psykologiska genialiteten stannar inte med det. Rörelserna i sig är "meditation". Det sägs att en mor älskar sitt barn därför att hon smeker det, snarare än att hon smeker det därför att hon älskar det. På samma sätt kan man säga att muslimen känner sig som Allahs slav därför att han, med pannan på marken, beter sig som en. Faktum är att den kroppsliga ritualen, bönen och känslan är omöjliga att separera, de är alla delar av en helhet. Hur mycket bättre andlig övning är inte det, jämfört med att sitta bekvämt i en stol och tänka vackra tankar om Gud!

Och vi måste komma ihåg att dessa andaktsövningar inte bara är ämnade för ett fåtal andligt begåvade—som zen-meditationen—utan alla muslimer. Orden är enkla, begripliga och lätta att lära, själva rörelserna kan vem som helst utföra. Det gäller bara att skaffa sig vanan att göra dem varje dag. Ett förvånansvärt stort antal muslimer gör det.

MUSLIMSKT BRODERSKAP

Liksom kristendomen och judendomen, men olik de flesta österländska religioner, är islam baserat på församlingen; andakten utövas gemensamt. Gemensamma böner hålls i moskén på fredagar och alla dagar under fastan. Männen står i långa rader, skuldra vid skuldra, och genomför böneritualerna unisont och gemensamt under ledning av en böneledare som, likt de andra, är vänd mot Mecka (kvinnorna är vanligtvis skilda från männen).

Psykologin är utomordentlig. Det finns inget bättre sätt att skapa en känsla av genuint broderskap, en disciplinerad församling av jämlika. Alla är Guds slavar, rik som fattig, prins som bonde, och alla spelar också rollen av slav tillsammans. "Folk! Lyssna vad jag har att säga och förstå detsamma", utropade profeten mot slutet av sitt liv. "Kom ihåg att varje muslim är broder till varje annan muslim. Ni är alla av samma värde." Församlingens övningar är lite som militär exercis utan befäl. Det är väl känt att ett par veckor på exercisplatsen kan förvandla en samling slashasar till en väldisciplinerad trupp, med en verklig "esprit de corps". Exercis kan integrera försiktiga, själviska eller mindre begåvade individer till en grupp, vars karaktär går utöver de individuella deltagarnas. På liknande sätt förhåller det sig inom islam, särskilt vad gäller i den allmänna bönen där individen transcenderar och ger upp sin individualitet och sig själv. När profeten predikar jihad, heligt krig mot de otrogna, med löfte om paradisiska fröjder för alla muslimer som dör i strid, är det knappast förvånande att krigen vinns. Men bönen är också ett verktyg för en inåtvänd kamp.

ISLAM—ATT ÖVERLÄMNA SIG TILL GUD

Som vi har konstaterat har islam ett antal praktiska fördelar jämfört med andra religioner trots brister i själva läran. På något sätt "visste" islam instinktivt vad som fungerade, rent psykologiskt. Och även vad som fungerade rent andligt. Därför blev islam, trots en föga lovande start, snabbt en av världens stora andliga religioner med sitt eget unika uttryck.

Vad var islams speciella gåva? Vad hade islam att erbjuda som inte fanns, eller i alla fall inte tillräckligt uppmärksammats, i övriga religioner? Islam betyder, bokstavligen, *underkastelse* och däri ligger en del av förklaringen. För många icke-muslimer, som exempelvis för den kristne protestanten, som har ett relativt vänskapligt förhållande till sin Gud, kan detta totala överlämnande kännas överdrivet, alltför underdånigt och krypande och inte alls nödvändigt för det andliga livet.

Detta är ett stort misstag. I sitt högsta uttryck, kräver alla religioner det som islam kräver på alla nivåer. Vi har redan sett hur den hinduiske lärjungens *frigörelse* till sitt sanna Jag, är en fullständig underkastelse av hans lilla eller falska jag, till Gud i guruns förklädnad. Och vidare, zen-munkens Satori är hans slutgiltiga nederlag och självförnekelse, slutet på allt motstånd. Den kristnes *frälsning* sker när alla hans resurser uttömts, när han villkorslöst ger upp och överlämnar sig till Kristus. All andlig religion överallt kräver detta ögonblick av kapitulation, att till slut släppa taget. Den fullständiga underkastelsen är islams centrala tema. Detta är islams bidrag till helheten, i tillägg till kristendomens kärleksbudskap och buddhismens vishetslära. Islam är hela mänsklighetens plikt, säger profeten, och inte bara för de mest andligt intresserade.

Förvisso är graden av underkastelse beroende på ens andliga mognad. Underkastelse inför Gud kan vara ett passivt tillstånd som innebär att man inte har någon egen vilja och att man nöjaktigt resignerar inför det egna ödet. Fullständig underkastelse inför Gud går mycket djupare. Det betyder att man aktivt vill det som händer— det "dåliga" såväl som det "goda"—därför att det är Guds vilja och ens egen vilja är Guds vilja och därför samma sak. Detta är lika svårt som det är ovanligt. Men de som upplevt det menar att det förändrar livet i grunden. De hävdar att våra bekymmer inte bottnar i våra omständigheter utan i hur vi möter dem. Om vi slutar kämpa mot och istället accepterar dem så förbättras de omedelbart. Tar vi ett steg till och välkomnar omständigheterna förbättras de än mer. Och om vi verkligen vill dem blir de fulländade, liksom vår lycka. "Om Allah så önskar"—denna ständiga muslimska refräng kan leda till den högsta mystiska upplevelsen. Det är en mycket verklig väg och kunde mycket väl komplettera hinduismens tre vägar: Det osjälviska tjänandets väg, hängivenhetens väg, visdomens väg och nu islams väg, den fullständiga underkastelsen inför Gud. Denna fjärde väg är avgörande för de övriga och utan den kommer de övriga tre inte leda en särskilt långt.

KVINNOR I ISLAM—OCH I ANDRA TROSÅSKÅDNINGAR

Det är värt att notera att vi hittills nästan uteslutande talat om män. Faktum är, att den traditionella bönen i och utanför moskén, av tradition varit männens plikt liksom att studera och sprida islam i världen, trots att det allmänna temat om underkastelse inför Allah och Hans vilja, gäller såväl muslimska män som kvinnor. Också i judendomen är denna manliga dominans i religiösa spörsmål snarare regel än undantag, och det är inte mycket annorlunda i kristendomen (med ursprung i Paulus famösa ord "kvinnan tige i församlingen"). Inte heller gäller detta bara de västerländska religionerna. Buddhismens förhållande till kvinnor visar sig, trots sin egalitära karaktär, i det faktum att bara ett fåtal kvinnliga namn återfinns i den omfattande litteraturen. Detta gäller även zenbuddhismen. Och vad gäller buddhismens ursprung, hinduismen, hittar man i dess litteratur om Dharma mängder av ren könsdiskriminering. Till och med i en av mystikens klassiker (i övrigt mycket upplysande) som Visdomens Huvudsmycke inleder den fromme lärjungen med att tacka för att han föddes som Brahmin (av prästerlig kast) och som man—och därför redan en bit på väg mot Frigörelse!

Denna absurda diskriminering upplöses fullständigt och absolut, i alla religioner, på deras högsta nivå. Könstillhörighet och sociala roller är irrelevanta i den sanna mystiska upplevelsen. Anandamayi Ma, en sann sierska från vår tid har välförtjänt en väldig mängd lärjungar i norra Indien och annorstädes. Listan på katolska helgon omfattar i princip lika många kvinnor som män. Bland dem var flera, som den heliga Katarina av Siena och den heliga Katarina av Genova, upplysta sierskor av högsta rang. Och en av de mest uppburna muslimska mystikerna var Rabi'a (700 talet). Hon var en kvinna som svarade sina uppvaktande kavaljerer: "Giftermål är för dem som lever i den materiella verkligheten. Men för mig finns inte den tillvaron därför att jag har upphört att finnas och lämnat mig själv. Jag finns i Gud och är helt och hållet Hans." Hennes välkända bön lyder: "O Gud, om jag tillber Dig på grund av rädsla för helvetet, må jag brinna i helvetet. Om jag tillber dig för Din egen skull, må Din Eviga Skönhet lysa!" Rabi'a var en av de första muslimer som öppnade mystikerns väg från den Transcendente Guden långt bortom till den Immanente Guden som är närmare än allt annat.

GUD DEN TRANSCENDENTE OCH GUD DEN IMMANENTE

Mysticism är religionen om det inomvärldsliga, om Gud i det inre. Islam ger, till och med mer än judendomen, sken av att vara en religion om transcendens, om det gudomliga oändligt bortom det mänskliga. Man skulle därför kunna tro att islam befinner sig långt från mystiken. Koranen har förvisso inte mycket innehåll som drar mot mystiken—till och med mindre än i den hebreiska bibeln, och under de första århundradena frambringade islam inga kända upplysta helgon.

Men det förvånande är att varje genuin religiös insikt, tagen till sitt yttersta, hamnar i den djupaste mystiska erfarenheten. Alla vägar leder *hem*. Mystiker hävdar (även om icke-mystiker knappast håller med) att religion utan mystik helt enkelt är outvecklad religion utan insikt i sin egen betydelse.

Islam, religionen om den transcendente Guden, när den tas på fullt allvar och förverkligas, omvandlas oundvikligen till en religion om den immanente Guden, eftersom ingenting av mig finns kvar om jag underkastar mig honom, bara Gud. Mitt "Jag" blir då Hans "Jag"—med andra ord: Jag är Han. Och det är ju kärnan i den storslagna mystiska erfarenheten. I de stora religionernas historia har dessa två faser, dessa två motsatta tendenser, alltid förekommit; underkastelse inför det heliga utanför mig och underkastelse inför det heliga inom mig. I islam tog det ungefär 200 år innan den mystiska tendensen utvecklades från sin motsats. Resultatet blev en av de mest originella, djupaste och frommaste andliga rörelser någonsin, och den är levande än idag. Den kallas för Sufism.

SUFISM, ISLAMS MYSTICISM

Sufismens tema är också underkastelse inför Gud. Inte en motvillig kapitulation under ödets obönhörliga maskin, som kör över oss och trycker ner oss, utan en extatisk glädje över att bli överväldigad, att bli *honom* intill fullständig självutplåning. För många stora sufier från 1100-talet och framåt liksom för många kristna mystiker från samma tid är denna analogi—den slående överensstämmelsen mellan mänsklig kärlek och sammansmältning med Gud—mer än bara en analogi. Den färgar en sufiers hela andliga liv och den har frambringat—särskilt hos Rumi, den störste persiske mystikern—världens främsta poesi inom mystiken. Sufismens språk är erotiskt, fantasifullt, mångtydigt och fängslande som stor poesi ska vara, och därtill fylld av intensiv känsla. I så motto helt annorlunda i jämförelse med de grövre och mer jordnära buddistiska formuleringarna. Den har sin alldeles egen tjusning och otvungenhet, sin egen berusning (ett favoritord i sufismen), och säregna glädje. Hur mycket sufismen har hämtat från andra riktningar är svårt att säga. I grunden säger den precis samma sak som andra religioner, men på sitt alldeles egna sätt och tonläge. Här är några exempel:

Från Attar (persisk poet och mystiker, 1100-talet):

Att se att endast Hans Essens existerar, tveklöst finns inget utom Han Gud är allt, tingen är endast nominella, den synliga världen, den osynliga världen, allt är Han...

Skulle du skymta endast en glimt av Honom blir du galen, ser du Honom i sin helhet förlorar du dig själv...

Tror du det är enkelt att förstå det andliga? Det betyder inget annat än att dö för allt.

Var generös med ditt liv.

För att bli fullkomlig, sök Helheten, välj Helheten, var Helheten.

Så länge vi inte dör inför oss själva, så länge vi identifierar oss med någon eller något, kommer vi aldrig bli fria.

På vägen mot själv-fullkomlighet får man inte förlora uppmärksamheten en endaste sekund. Förlorar man fokus för bara ett ögonblick faller man.

Håll dig fast i ditt inre.

Och från Rumi (persisk poet och mystiker, 1200-talet):
När jag såg mot mig själv, såg jag mig inte längre.

Ge upp ditt vackra liv; vad annat kan du göra? Du har inget skydd.

Jag skådade in i mitt hjärta. Där såg jag Honom. Han fanns ingen

annanstans.

I mig finns en Annan som får mina ögon att stråla.

Ge upp livet och världen, för att skåda världens Liv.

När kroppens hölje tas bort, han som är utan kropp förnimmer utan

några slöjor, som Moses, månens ljus strålar från hans bröst.

Här finns inget utom Allahs månblixt. Det är bortom all förståelse och

föreställningsförmåga. Det är ljusets ljus av ljusets ljus.

Din kropp blir som en spegel: den blir bara öga och ande.

Jag kan inte särskilja mig från ljuset.

SUFISM, ISLAMS HÖJDPUNKT

Det är upanishadernas budskap, det är zenbuddhismens budskap och (fast med viss tvekan) Jan Ruysbroecks (flamländsk medeltida mystiker) budskap; det är alla stora mystikers erfarenhet. Men sufismen är en del av islam, en naturlig utväxt från islam och en del av islams ursprungliga karaktär. Den härrör ur Koranen och därmed en del av profetens budskap; *Gud är närmare människan än hennes egen halsåder.* Det är själva grunden i den muslimska dikr eller Gud-hågkomst, som leder till andlig extas, ibland trans, som är så typisk för islam och praktiskt taget unik bland religioner.

Poesirecitationer, att spela musik (Ravels kända Bolero kommer från sufismen), att sjunga, att dansa—är inte bara verktyg, utan en sufiers glädjeyttringar över livet i Gud. Det blir som sannast i de heliga danserna—där deltagarna formar en ring och rör sig runt, runt allt fortare, knäböjer och hoppar under det att Allah samtidigt åkallas, eller där varje dansare roterar som en snurra. För oss kan det tyckas som en märklig religiös rit. Men återigen, som med så mycket annat i islam, det fungerar. Sufismen, så annorlunda i sitt sätt och sin känsla jämfört med zen, är en minst lika effektiv lära. Båda har frambringat ett stort antal verkligt genuint Upplysta Mästare, några även i vår tid. Det här säger en av dem, den algeriske Sheik Al-'Alawi, som dog 1934:

Du är som en hägring i öknen, som den törstige tror är vatten, men som försvinner när du närmar dig. Och där han trodde den var, finner han Gud. På samma sätt, om du rannsakar ditt inre finner du att där är ingenting och där finner du Gud. Du finner Gud istället för dig själv, och ingenting av dig förblir, utom ett namn utan form. Detta är sann islam, den slutgiltiga underkastelsen; det är också budskapet från alla som Vaknat.

KAPITEL 8: RELIGION OCH VETENSKAP

När man ser framväxten av naturvetenskapernas magnifika byggnadsverk; alla dessa tusentals sanningssökande individers vedermödor som inarbetats i dess fundament; vilket osjälviskt tålamod, vilken objektivitet, vilken underkastelse under naturens iskalla lagar, som är byggnadens murbruk; hur absolut opersonlig framstår inte denna struktur i sin upphöjdhet—och se sedan hur förvirrad och patetisk varje liten romantiker verkar vara när han definierar verkligheten utifrån sina egna högst privata drömmar och dimridåer!

Är det då konstigt att den som fostrats i vetenskapens hårda skola känner vämjelse inför sådan subjektivism? Clifford säger—Tron vanhelgas när den böjer sig inför ogrundade och diskutabla påståenden, bara för att skänka den troende välbefinnande och tröst... Om en tro bygger på en vetenskapligt bräcklig grund är det en stulen tro... Det är en synd eftersom det står i strid med vår förpliktelse mot mänskligheten. Det är en plikt att skydda oss mot vantro, som vore det en pest som hotar vår kropp, hela vår tillvaro... Det är alltid fel, överallt och för alla och envar, att tro på något utan tillräckliga bevis.

William James (1842—1910)

RELIGION OCH SAMHÄLLE

Vi har nu slutfört vår genomgång av de idag dominerande världsreligionerna—de stora trosinriktningarna som dök upp under den fantastiska perioden från 800 f. kr till 600 e. kr. Vilken strålande blomstringstid för den mänskliga anden det var! Vilken kraftfull, färgstark och vital utveckling bidrog inte dessa religioner till! Och de utgör en levande helhet. Det är bara vår närhet till den ena eller andra religionen som döljer deras essentiella samhörighet.

Och vi är skyldiga dem ett stort tack! Även religionens fiender medger att civilisationens historia är identisk med religionens historia. Historiker har visat oss att både konsten och naturvetenskapen, i förvånade hög grad har ett religiöst ursprung. Tidig poesi, musik, dans och måleri var t.ex. heliga verksamheter, snarare än sekulära. Till en början fanns det faktiskt ingen klar distinktion mellan religionen och det vanliga livet. Religionen tjänade överallt som konsternas välgörare och dominerande beställare. Framför allt (som vi har sett) försåg den oss med enande ideal, moralisk bekräftelse och medvetna regler, som bidrog till samhällets sammanhållning, efter att den uråldriga instinktiva enigheten brutit samman. Även om vi kallar oss ateister, landar vår religionskritik till slut ändå i det ständigt ackumulerande kulturarv som, när vi ser tillbaka, i hög grad visar sig vara ett religiöst arv. Vare sig vi vill eller inte har religionen trängts in i oss och format oss. Under ytan är vi alla i någon mening religiösa.

Naturligtvis behöver inte vår insikt om religionens avgörande historiska betydelse hindra tanken att den nu spelat ut sin roll, att det är hög tid att göra sig av med de sönderfallande kvarlevorna— eller åtminstone dess förvetenskapliga otidsenliga attityder och föreställningar. Tidsandan verkar onekligen emot de traditionella religionerna. Alla är de under attack och de flesta av dem retirerar.

Detta betyder inte att de är uträknade. De traditionella religionerna kommer troligen återuppstå i olika former. Vi får ofta höra att människor i Europa och Amerika och även i öst är mindre religiösa än någonsin tidigare i historien. Jag förstår faktiskt inte hur man kan fastställa den saken. Enligt mitt synsätt är det tveksamt om det verkligen förhåller sig så.

Människors religiösa idéer och känslor har förvisso radikalt förändrats, i väst sedan några hundra år tillbaka, och i öst på senare tid. Vi befinner oss i början av en storartad religiös revolution. Eftersom den fortfarande är i sin linda, är det svårt att ge den ett namn. Men den kan ges vissa generella karakteristika. Den pågår i ett vägskäl, där avmytologiserad religion, naturvetenskap, beteendevetenskap och sociologi, med sina senaste landvinningar bildar en pakt istället för att hävda sina respektive egenarter.

Vi är alltför involverade i denna process för att kunna se den tydligt, men låt oss i det här kapitlet ta en snabbtitt framåt i dess riktning. Till att börja med, låt oss för ett ögonblick titta på de historiska utvecklingsstegen—politiska, vetenskapliga och psykologiska, som har bidragit till vår tids gryende religion.

RELIGION OCH POLITIK

Religion har nog aldrig någonsin varit opolitisk. Det är inte så att religion från tid till annan bara råkat hamna i dåligt sällskap. Nej, redan från början var religion och politik samma sak. Politisk historia är berättelsen om deras successiva separering. Inte sällan var kungen också överstepräst, eller till och med gud, och hans person var alltid helgad liksom hans ämbete. Hans lagar betraktades som gudomliga, inte stiftade av människor. Hela den sociala strukturen, innefattande regler för gott uppförande, straff och företeelser som slaveri, kastsystem och kvinnans underordnade ställning—allt betraktades som gudomliga påbud. Att ifrågasätta dessa var som att ifrågasätta religionen i sig. Det är därför inte överraskande att religionen överallt i världen och genom hela historien (med enstaka undantag både förr och nuförtiden) har utgjort en synnerligen konservativ influens. Religionen har alltid slutit upp bakom den etablerade ordningen, mot reformer. Även idag är religionen i många länder en del av statsskicket. Exempelvis är "Church of England" en del av staten och förväntas stå för bevarandet av existerande politisk, social och ekonomisk ordning, och har dessutom aldrig missat att officiellt ställa Gud på britternas sida under krig. Är det då förvånande att intelligenta och moraliskt sensitiva människor idag varken vill kalla sig kristna eller religiösa överhuvud taget?

Den tyske social-filosofen Karl Marx (1818—1883) är troligen den mest kände religionskritikern i modern tid. Han har kallats "kommunismens fader" (och andra ohövliga tillmälen), men vissa forskare som har tittat närmare på hans arbete, har också kallat honom "den siste bibliske profeten". Med brinnande moralisk indignation avfärdade han religion som "opium för folket". Han hade sett hur religionen kunde så split mellan människor, korrumpera dem och användas som ett instrument för förtryck. Likt en modern Jeremias, förutspådde han en intensifiering av mänskliga konflikter, klasskamp och det våldsamma utbrottet av den totala revolutionen. Och, likt Jesaja, hade han en framtidsvision om människors lika värde och ett slut på alla former av tyranni. I sina antireligiösa utfall insåg Marx inte hur mycket av hans revolutionära polemik som faktiskt föregripits gång på gång av profeter som haft modet att tala om gudomlig rättvisa.

Tre viktiga synpunkter har framkommit. För det första kan religion i praktiken vara både moralisk och omoralisk, både för rättvisa och medmänsklighet och emot dem. För det andra: Från tid till annan är det nödvändigt att fördöma religion i starkast tänkbara ordalag. Och för det tredje: Detta fördömande, denna antireligiösa protest är i sig—i bästa fall—en moralisk drivkraft och inspiration med genuint religiösa kvaliteter. I sämsta fall naturligtvis något helt annat; men det är en helt annan fråga.

RELIGION OCH ASTRONOMI

Historiskt har religionen bjudit motstånd mot alla radikala förändringar, mot vårt vetenskapliga tänkande, mot politiska och sociala institutioner. Traditionell fromhet försvarade inte bara den rådande sociala ordningen, hur orättfärdig den än var, utan också rådande världsbild och kosmologi, oavsett hur felaktig den än var. Den motarbetade nya idéer som hotade den. Naturvetenskapernas historia under de senaste 500 åren är berättelsen om religionens bestämda motstånd mot varje avgörande framsteg. Och religionen har alltid tvingats ge efter.

Men, trots allt, denna extrema konservatism är förståelig. Dess rötter härrör från civilisationens vagga, från tiden då all kosmologi var religiös och all religion var kosmologisk; de två var i praktiken ett. Om det överhuvudtaget existerade några klara idéer om universums ursprung och beskaffenhet, var de oskiljaktiga från idéerna om vår Herre och skapare och det gudomliga drama där världen utgjorde scenen. Exempelvis var traditionell kristendom, liksom andra religioner, helt och hållet jordcentrerad. Den betraktade vår jord som mittpunkt i det fysiska universum, det nav kring vilket solen och stjärnorna dagligen roterade. Detta var den enda rimliga inramningen till Guds stora *frälsningsplan,* innefattande nedkomsten av hans enfödde son, som ett barn i Betlehem, hans korsfästelse på Golgata och hans uppstigande genom molnen till Himlen. Inte undra på att Kyrkan ogillade upptäckten att Jorden inte var världens centrum; eller senare upptäckter som att varken vår sol eller ens vår egen galax kan ha anspråk på att vara denna exklusiva plats. I själva verket har ju universum inget fysiskt centrum överhuvud taget. Varenda en av universums miljarders miljarder himlakroppar är, utifrån sin egen specifika utkikspunkt, navet i naturens hjul. Vad universums andliga centrum beträffar, lär oss astronomerna att det troligen är mycket vanligt att stjärnor har planeter. I så fall torde det finnas otaliga jordar med kapacitet att vidmakthålla liv. Och, tillägger biokemisterna, där förutsättningarna för liv dyker upp, kommer säkerligen också liv uppstå. Och det vore i så fall mycket underligt om inga av dessa kosmiska liv har nått längre än oss, både andligt och på alla andra sätt.

Många kristna försöker ärligt att förlika sig med denna nya världsbild, men i vilken utsträckning lyckas de, utan att behöva förkasta kristendomen? Andra kristna finner det lättare och tryggare att—temporärt—vägra befatta sig med naturvetenskapen. Men innan vi anklagar någon för oärlighet och för att försöka värna sin övertygelse i slutna rum, väl skyddad från vetenskapens idéer, så låt oss titta lite närmare på vår egen ärlighet. Vi saknar centrum, är betydelselösa och förvirrade, praktiskt taget ingenting, i ett universum som trotsar all beskrivning—men hur djupt har denna lektion i ödmjukhet egentligen sjunkit in? Även om vi inte är kristna, eller ens religiösa, tycker vi ändå inte att det är bekvämare att förbli religiöst sett förvetenskapliga och därmed skydda vår självbild i en begränsad skara av likasinnade.

RELIGION OCH BIOLOGI

Uppgiften att försona traditionell religion och modern naturvetenskap blir än mer obekväm när vi studerar livets ursprung och människan som art. Bildade kristna och judar tar utan tvekan Edens lustgård med en nypa salt—som en liknelse eller myt. Ändå kvarstår en vag övertygelse att människan är en speciell skapelse, formad till Guds avbild och inte bara ett intelligent djur. Detta är kanske inte så förvånande när vi betänker, att vetenskapliga bevis i motsats till bokstavstolkning, knappt är sekelgammal som allmänt accepterad sanning.

Slutligen har dock berggrunden berättat sin historia och därmed vår egen: berättelsen om hur jorden svalnade, den gradvisa formeringen av dess ytskikt, uppkomsten av liv från icke levande materia, evolutionen till högre livsformer och till sist oss människor. Denna vår nedärvda historia på jorden (vår långsamma utveckling från geléartade klumpar eller hinnor av levande materia, via maskliknande varelser, fiskar, kräldjur, reptiler, primitiva däggdjur, aplika däggdjur och förmänniskor)—denna släkttavla bekräftas och summerar sig vackert i var och en av oss i vår egen personliga historia före födelsen, i moderlivet. Där, under endast nio månader, passerar vi snabbt alla dessa livsstadier, från de lägsta till de högsta. Sanningen är den, att för att bli människa måste man vara alla sorters varelser. Det finns inget tillstånd som bara är mänskligt, ingen skapelse som Homo sapiens som bara är Homo och bara sapiens.

En religiös orientering som är byggd på den ganska insmickrande föreställningen att Gud skapade människan specifikt och plötsligt, till sin egen avbild, tvingas därmed motsätta sig upptäckten att människan är ett djur. Var och en av oss, oavsett om vi är religiösa eller ej, är benägna att motsätta oss insikten att vi, under vår egen livstid, har varit underlägsna en fluga som kryper på fönstret. Vi vet naturligtvis alla vad embryologin lär oss, men att verkligen förstå vad den för med sig är en helt annan sak. Det krävs osedvanlig ärlighet och ödmjukhet för att kunna se sig själv som syssling till den där flugan, och ännu mer respekt för att förstå, att den är överlägsen den man själv var ett antal år tidigare. Om vi istället för att växa upp som embryon i våra mödrars sköten råkat växa upp fullt synliga som larver utanför, i provrör på ett laboratorium, i ett akvarium eller på zoo, skulle vi ställas inför tillnyktrande (men spännande) sanningar om oss själva.

Hur det än förhåller sig verkar vi hålla fast vid våra bekväma, religiösa, förvetenskapliga illusioner, utan att för den skull tro att geologer och embryologer är lögnare. Det som sagts om vår historia gäller även nuet. Även den minst religiöse av oss skulle här inte drömma om att ta naturvetenskapen på fullt allvar. Biologerna säger oss att vi i själva verket är vandrande städer, enorma samhällen på två ben, vars invånare är ödmjuka muskelceller, leverceller och hjärnceller etc.—som var och en lever sitt eget lilla liv och dör sin egen lilla död. Hur kommer det sig att den varelse som visar sig vara Härskare över denna fantastiska stad (eller kanske dess "esprit de corps"?) aldrig ägnat en tanke åt dessa lojala undersåtar (talrikare än jordens befolkning) och åt vad han eller hon skulle ha varit dem förutan. Som sagt, det är säkrare att inte fördjupa sig i dessa ting— säkrare för vår stolthet och för den religion som understödjer den.

RELIGION OCH FYSIK

Naturvetenskapen stannar naturligtvis inte vid att bryta ner oss till celler. Rasering är hennes värv. Hon sönderdelar våra celler till molekyler, våra molekyler till atomer, våra atomer till elementarpartiklar som elektroner och protoner, vidare till kvarkar och sedan till—tja, åtminstone inte till något ting. Fysikern säger mig att min synbarligen solida kropp, vid närmare påseende, bara är ett energifyllt tomrum, lika tomt som himlen. Den försvinner ju närmare man kommer. Det är bara när jag betraktas från några meters håll, som jag träder fram som en människa; på mindre avstånd än en mikrometer verkar jag vara celler; och på ännu mindre avstånd verkar jag vara partiklar eller någon slags energi. Där ute, i min betraktares ögon, får jag status av upphöjd människa, djur, materia eller submateria. Men just här är jag ingenting så storslaget. Om jag nu (för att kontrollera fysikerns framställning av mig) undersöker just den specifika punkt som jag ockuperar, ursprunget till alla mina regionala uppenbarelser, denna enda bit av världen som ingen annan än jag själv är i position att observera, så finner jag att jag absolut inte är vare sig människa, djur eller materia, inte ens en dimma eller ett moln. Dimman är helt borta. Att se mig själv just *här*, som punkten som vetenskapsmannen närmar sig, men inte riktigt kan nå fram till, på inget avstånd alls, finner jag det som mystikerna säger att jag ska finna—*tomhet*, förutsatt att jag är uppmärksam och ödmjuk nog att verkligen *se*. Detta är den slutliga förödmjukelsen, att lösas upp i tomma intet. Det är inte trevligt att bli helt demolerad, så vi tar inte fysikerns berättelse på allvar och än mindre vill vi kontrollera och bekräfta den. Det är nog bekvämare att hålla sig till sunt förnuft och en sunt-förnuft-religion, som säger oss att vi är något och någon. Om vi skulle tillåta fysiken och religionen att mötas skulle resultaten bli mer än oroande. Det mötet skulle bli explosivt.

RELIGION OCH PSYKOLOGI

Den nya astronomin, den nya geologin, den nya biologin—faktiskt alla naturvetenskaper är på kollisionskurs med de traditionella religiösa världsbilderna. Råder det några som helst tvivel på vilka som kommer att gå segrande ur den striden? För att göra striden ännu mer ojämn så ger även sociologin och psykologin avgörande bidrag på naturvetenskapernas sida. Vi kan numera spåra utvecklingen av religiösa idéer, från sin primitiva begynnelse till sin senaste esoteriska förfining, och konstatera att hela processen styrts av klimat, ekonomi och sociala faktorer. Vi kan göra det som vi tidigare gjort i denna skrift, jämföra vår egen religion med andras—inte alltid till vår fördel. Vi kan färdas över hela jorden tills vi börjar se religionerna som ren lokalfärg, pittoreska inslag, inte mer sanna än en historisk byggnad eller målning är sann. Vi kan dela in mänskligheten i psykosociala typer—feta och gladlynta, magra och hungriga e. t. c.—och med viss tillförlitlighet förutsäga deras religiösa attityder, enkom med ledning av bentäthet och vikt. Vi kan se kopplingar, många gånger klart patologiska, mellan religiösa erfarenheter och sjukdomar, både mentala och somatiska. Vi kan analysera våra djupaste religiösa övertygelser och kanske upptäcka, att de egentligen emanerar från tidiga problem med våra fäder och mödrar eller kanske sexuell frustration. Än värre, kanske rent av ödesdigert för religionen, är det skrämmande faktum att våra föreställningar betingas av vår inre kemi. En injektion av innehållet i provrör A i min arm ger mig inom några minuter fantastiska visioner av himmelriket och kanske en religiös erfarenhet av högsta klass. Innehållet i provrör B kanske ger helt motsatt effekt och skickar mig direkt till helvetet.

Förvandlar inte detta vår omhuldade andlighet till rent nonsens? Om allt vi tänker och känner är dubbelt determinerat, dels villkorat av yttre omständigheter, dels i det fördolda av våra egna beståndsdelar, är vi inte friare än en dator, när det gäller att välja religion. Hur kan någon religion över huvud taget överleva sådana fakta? Och hur kan någon religion förneka dessa fakta och ändå påstå sig vara intresserad av sanningen—för att inte tala om att ha anspråk på sanningen?

VETENSKAPENS RELIGIÖSA GRUNDVAL

Inte undra på att så många intellektuellt hederliga människor känner sig färdiga med det religiösa och beredda att sända religionen i graven. Det är dock brukligt på begravningar att säga några vänliga ord om liket—speciellt om den döda är ens mor! Kristendomen är förälder till västerlandets vetenskap.

Som vi har sett såg den primitiva människan världen som en tummelplats för otaliga demoner och andar, vars beteende var nyckfulla och riskabla. Världen var inte ett kungarike utan en anarki, fullständigt otrygg och för vild för att kunna hanteras av någon vetenskap över huvud taget. Vi har också sett hur österlandets människa betraktade världen som Maya, som en dröm eller hägring, inte verklig nog för att kunna bli föremål för en seriös undersökning. Det är ju i själva verket just detta som gäckat granskningen av verkligheten. Det var bara den västerländska människan som kom att se världen som helt och hållen verklig, rationell och beundransvärd— eftersom den var vår Herres eget hantverk.

Denna idé om världen, som ett enda universellt system av naturlagar, som styr allting, över allt och i all tid, är inte i sig en naturlig idé. Det är egentligen en anmärkningsvärd och ganska sofistikerad uppfattning, som kanske aldrig hade uppstått utan föreställningen om en personlig Gud, en transcendent Skapare som står vid sidan av sitt verk, liksom urmakaren sin klocka. Universum är *Hans* stora verk, förkroppsligandet av *Hans* vilja. Världen är en enda enhet, inte många olika saker, den är helt igenom lagbunden, väsentligen god, helt och hållet verklig och möjlig för oss att förstå. Vetenskapen är följaktligen människans privilegium och även hennes plikt. Genom den uppenbaras Guds naturs väsen och Hans syfte, som det tar sig uttryck i tiden och rummet.

För att sammanfatta: Den primitiva människan hade inte mod att undersöka världen, i öst hade man inte intresset. Människan i väst hade bådadera—tack vare hennes idé om världens Skapare. Men den västerländska människans viktigaste bidrag, hennes idé om hur Guds väsen tar sig uttryck i universum, var tanken att universum klarar sig bra utan Guds medverkan! Till en början styrdes naturen av Guds allsmäktiga vilja, därefter av hans opersonliga *lag* och sedan bara av lag. I våra dagar finns till och med idén om att naturlagarna kommit på skam. Materien beter sig lite som den behagar—fast som tur är beter den sig oftast likadant från dag till dag. Modern vetenskap handlar om utforskandet av regelbundenheter i hur materien beter sig. Den erkänner inte någon som styr och inte någons regler.

POSITIVISM

Den filosofi som detroniserar religionen till förmån för vetenskapen benämns positivism. Den pekar föraktfullt finger åt alla motsägelsefulla teologiska idéer, spekulationer om Gud, själen, ett liv efter detta, den fria viljan och otaliga andra oklara ämnesområden som ingivelser, myter, legender av alla de slag, liksom rent nonsens, som höll bildade människor sysselsatta under den förvetenskapliga eran. Många av deras argument var kanske briljanta, många idéer kanske djärva och utvecklande, men de ledde aldrig någon vart. Det dök alltid upp andra lika briljanta och djärva idéer, som motsade dem. Man gjorde inga egentliga framsteg, ingen ny kunskap skapades. Orsaken var, enligt positivisterna, att fel metod användes. Det enda sättet att finna sanning om världen är att sluta tänka på den och i stället tålmodigt observera den, leta efter lagbundenheter och formulera hypotetiska lagar, om möjligt i matematisk form, för att sedan testa hypoteserna med hjälp av experiment. Genom att på detta sätt omsorgsfullt pröva sig fram och utföra experiment allt eftersom, upptäcker man hur vissa naturlagar inordnar sig under allmängiltiga lagar.

Det leder till två konsekvenser. För det första kan man förutsäga mer och mer av det som händer i naturen. För det andra kan man använda den nya kunskapen till att kontrollera naturen. Denna kontroll blir metodens bekräftelse. Den moderna världen är ett enda stort monument av positivistiskt tänkande. Trettio sekel av religiöst, djupsinnigt tänkande, skarpsinniga och vittomfattande diskussioner blev fullständigt resultatlösa. Vi blev med tiden egentligen bara mer och mer förvirrade. Dimridåer jagades bort med andra dimridåer. Förvirring lades på förvirring. Det gamla tänkandet producerade mindre praktisk nytta för mänskligheten än en halvtimmes blodanalys i ett laboratorium. Det måste dock ändå erkännas att vetenskapens rön inte kommer i närheten av djupen och trösten i religionens kunskapsväg. Vetenskapen nöjer sig med att vara begränsad och till och med ytlig, tillfreds med att så här långt inte uppenbara någon djupare kunskap om livet och människan. För vetenskapen räcker det med att försäkra sig om att varje nytt rön är sant. Vilket betyder att varje ny upptäckt måste kunna beskrivas exakt, verifieras av vem som helst, visa sig överensstämma med andra rön och kanske, förr eller senare, blir till nytta för mänskligheten.

Det är naturligtvis sant att dessa landvinningar missbrukas, och även har frambringat vapen med kapacitet att förgöra hela mänskligheten. Positivisten är lika oroad, som alla andra, men finner viss anledning till hopp. Kanske kommer vetenskapens destruktiva krafter tvinga mänskligheten till den endräkt som filosofi och religion aldrig åstadkommit. Och när allt kommer omkring, missbrukades inte också filosofin och religionen å det grövsta, skyldiga till mer hat, krig, grymhet, fanatism, förtryck och hyckleri än någonsin vetenskapen kommit i närheten av?

VETENSKAPENS MORAL

Positivisten menar framför allt att det vetenskapliga förhållningssättet är överlägset religionens anda. Vetenskapen är ärlig. Den religiöse söker fördelar, gör avvägningar, söker frälsning, fred, lycka och evigt liv och är inställd på att tro vad som helst för att uppnå sådana fördelar. Detta medför i sin tur en moraliskt, intellektuellt och praktiskt undermålig livssyn; dess effekt på karaktären kan bli förödande. Den rena vetenskapen å andra sidan söker inga fördelar överhuvudtaget, bara sanningar—även om de skulle visa sig vara obekväma. Ironiskt nog är det just denna opartiskhet, denna likgiltighet inför belöningar, som gör vetenskapen så belönande. Dess förbluffande framgångar beror inte på girighet, som dess fiender är benägna att hävda, utan snarare just avsaknaden av förslagenhet!

Vår positivist skulle kanske uttrycka det så här. Det religiösa tillvägagångssättet är slugt, arrogant och otåligt, medan den vetenskapliga ansatsen är fristående, ödmjuk och mycket tålmodig. Vetenskapsmannen böjer sig inför fakta. Ja, han utlämnar sig till de givna förutsättningarna, utan att försöka frisera fakta; han tillåter dess egna inneboende mönster att uppenbara sig; han observerar och han lyssnar. Religionens man däremot saknar detta öppna sinne. Han ser allt genom sina personliga känslor, föreställningar och idéer. Vad värre är, han pådyvlar vekligheten föreställningar och idéer, som inte ens är hans egna. Han saknar vördnad för det som är. Han saknar genuin fromhet.

Det är därför bara vad man kan förvänta sig, menar positivisten, att världens religioner bekämpar varandra. De består av en ansamling motstridiga system och oförenliga ideal, som orsakar bittra skiljelinjer världen över. Vetenskapen å andra sidan, är exakt likadan överallt och för alla människor. Dess metoder, språk och otaliga tillämpningar, är till stor del identiska i alla delar av världen, utan några eftergifter vad gäller etnicitet, temperament och tradition.

Inte undra på att vetenskapen utlovar mänsklighetens integration, som religionen aldrig kan göra. Dess inre natur är internationell, faktiskt interplanetarisk och kanske till och med universell. Vetenskapen används redan idag till att lindra det mänskliga lidandets börda överallt på vår planet i en omfattning och med en generositet, som ingen tidigare kunnat drömma om. Det finns något inbyggt i vetenskapens själ, en känsla för mänskligheten i stort, ett praktiskt medlidande—inte ett sentimentalt förbarmande—som upphäver alla hinder. Hjälp till alla, utan en missionerande baktanke, är faktiskt i religiösa sammanhang en sällsynthet.

Även vår positivist skulle kanske ändå medge att den här bilden av vetenskapen är lite idealiserad. Den enskilde vetenskapsmannen är kanske inte bättre än den religiöse, när det handlar om att leva upp till sina principer. I själva verket finns det en hel del oärlighet och arrogans inom den vetenskapliga sfären också, vilket ofta orsakar problem för nydanare. Självklart! Det är bara mänskligt. Men den verkliga vittnesbörden om existensen av, och den höga kvalitén på, vetenskapens själ—speciellt vad gäller den moraliska aspekten— är vetenskapen själv, som den tar sig uttryck och förkroppsligas i varje liten del av det moderna livet. Utan detta enorma, underbart genomtänkta, självutplånande bemödande om objektivitet, hade mycket lite av det vi i dag tar för givet kunnat uppnås.

VETENSKAPENS RELIGION

Vetenskapens anda inrymmer inte bara något tålmodigt, strävsamt och tråkigt. I bästa fall, hos i verklig mening kreativa vetenskapsmän—som exempelvis Newton, Darwin, Curie eller Einstein—uppvisar vetenskapen en imponerande styrka, entusiasm, energi och intellektuell lidelse. Den besitter en hängivenhet som i viss mån genomsyrar personligheten och som därmed upphöjs ur sin oansenlighet. Vetenskapen kan på det hela taget leda till ett upphöjt liv, som absolut inbegriper en slags tro—en väl testad och uppskattad tro på naturens enhetlighet och det djupa sambandet mellan människan och det som är föremål för hennes undersökningar.

I fallet med Marx så kallade dialektiska materialism (vilken är kommunismens officiella filosofi) tillkommer ytterligare en "religiös" trosartikel. Det är förstås inte en tro på en personlig Gud, men det rör sig om en fast tillit till något som mycket liknar en framstegsvänlig opersonlig försyn, som föga förtroendeingivande kallas den dialektiska processen. Denna välvilliga process bidrar till förbättring i alla sammanhang och förväntas slutligen leda till ett samhälle, i vilket var och en bidrar efter sin förmåga och var och en får efter sina behov. Trots vad Marxismen själv förfäktar, uppvisar den flera av religionens grundelement. Där finns idén om en Försyn, där finns en profet (Marx själv), apostlar (som Trotsky), martyrer (Lenin), heliga skrifter (Das Kapital), missionerande glöd, bitter intolerans, grymma avrättningar av kättare, högtravande idealism och ett avgrundsdjupt misslyckande i att leva upp till sina ideal. Den har ofta, av dogmatiska skäl, gått i kamp mot vetenskapen själv—som exempelvis ställningstagande för Lamarck mot Darwin. Marxismen har ingen användning för vare sig en personlig Gud, teologi av klassiskt snitt, kyrkobyggnader, gudstjänster eller bön. Det samma kan faktiskt också sägas om den tidiga buddhismen. Marxismen verkar alltså vara lika mycket en religion som många andra. Det finns förstås fortfarande enorma skillnader. Buddhismen såg sig redan från början som en religiös väg, medan Marxismen—och positivismen i allmänhet—uppfattar sig som antireligiös. Icke desto mindre uppvisar positivismen, oavsett eventuella politiska kopplingar, så många likheter med religiösa traditioner att de inte kan negligeras. Det är rimligt att räkna in positivismen bland de andra stora västerländska traditionerna. Liksom icke-mystisk judendom och icke-mystisk kristendom, som den är sprungen ur, förlägger den verkligheten där ute. Den är om man så vill vetenskapen om det observerade, medan buddhism (liksom mystiska religioner i allmänhet) är vetenskapen om observatören—observatören vänd inåt mot sig själv. Positivistisk vetenskap är inte mystisk.

VETENSKAPENS MYSTICISM

Den positivistiska vetenskapen var inte mystisk till att börja med, (utan helt enkelt vanligt sunt förnuft som applicerades systematiskt). I föregående kapitel kunde vi notera, att varje genuint religiös rörelse, om den drivs tillräckligt långt, landar i mysticism. Låt mig förklara. Traditionell religion relaterar alla ting och alla händelser till Helheten, till Gud, som är det högsta, den sammanhållande kraften i Hans värld. Vetenskapen gör i grunden samma sak, men omvänt. Den relaterar till händelser och ting i motsatt riktning nedåt, via de molekylära, atomära och subatomära nivåerna till fysikens själva sub-stratum. Vi har tidigare sett hur man exempelvis säger om våra kroppar att de "egentligen" består av celler och att cellerna "egentligen" är molekyler—och så vidare tills vi blir reducerade till ett moln av outgrundliga partiklar, ända ner till ett tomrum laddat med energi, till något *ovetbart*. Allt som pågår i världen—kärlek, smärta, musik, färg, sport, stjärnor, vetenskap, religion, träd, djur, människor, läsandet av den här boken—allt är på något sätt inrymt i, eller åtminstone sprunget ur, detta gränslösa mystiska sub-stratum. Ur denna fundamentala *tomhet* uppstår i detta nu orden som beskriver det! Miraklers mirakel, som får de traditionella religionerna att blekna vid en jämförelse.

Naturligtvis kan inte vetenskapens mystiska drag igenkännas av vetenskapen som sådan. Vetenskapsmannen (som vetenskapsman) finner detta sätt att resonera meningslöst. Här finns en fungerande praktisk mysticism, helt i avsaknad av fromma ord, men hela tiden bevisad och testad. Det här handlar inte om en mysticism som rör *helheten*, utan om dess allra minsta beståndsdelar, inte om Gud som den sammanhållande och högste, utan om världens fundament, om dess *intighet*, på vilken den är grundad. Att detta är gränslöst mystiskt, och "absurt", som all mysticism, är uppenbart. Vi kanske kan börja med att föreställa oss hur en Gud, som omfattar allt, som står för världens helhet, kan vara alltings källa, och hur allt kan flöda ur hans inre rikedom. Men detta öde och tomma substratum, detta något från vilket allt målmedvetet blottlagts, lager efter lager—hur i herrans namn kan det frambringa något alls?

Är det kanske bara en myt, en bekväm fiktion? Förvisso inte. Det fungerar—och som det fungerar! Framför allt kan vi (som jag tidigare påstått) slutföra avklädnings-processen—denna resa neråt och inåt för att kontrollera vad som i slutänden finns kvar av vår kropp, *här och nu,* där den alls inte är solid utan helt *tom.* Allt är förlorat—utom medvetenheten om att ha förlorat allt. Om vi skulle tycka att hela det här resonemanget är på tok för modernt, opoetiskt och vetenskapsinfluerat, att det inte har så mycket att göra med det som vi betraktar som religiöst och heligt, kan vi gå trettonhundra år tillbaka till mahayana-buddhismens Surangama Sutra:

Jag förstod min kropps och min själs Verkliga Natur, att de var som oceaner, vars strömmar av väldoft omger de Välsignades Öar. Jag insåg att jag hela tiden hade kastat mina fragmentariska tankar om en personlighet till min Sanna Naturs rena klarhet.

Vi kan också gå tillbaka nästan ytterligare tusen år, till Dhammapada, kanske den mest kända av theravada-buddhismens urkunder:

När han förstår, att hans kropp är ett skum och vet att den har karaktären av en hägring. När han bryter Maras blommande pil, kommer lärjungen gå dit Dödens Kung inte kan se honom.

KAPITEL 9. SLUTSATSER

Det outforskade livet är inte värt att leva.

Platon

Att förstå andra innebär att ha kunskap, att förstå sig själv är att vara upplyst.

Lao-tsu

Självkännedom är vår skönhet, okunskap om oss själva gör oss fula.

Plotinus

Du vet alltings värde—utom ditt eget! Det avgörande problemet är att uppdaga om du är förtappad eller lyckligt lottad.

Rumi

Att leva utan att undersöka vad vi är, innebär en exempellös blindhet.

Pascal

Kristenheten är helt och hållet besjälad av detta; att lära känna oss själva, var vi kommer ifrån och vad vi är.

Boehme

Att förstå allt, utom sig själv är mycket komiskt.

Kirkegaard

Jag kommer förstå att om jag saknar mening, så får husen och skeppen mening.

Whitman

Vem är det som upprepar Buddhas namn? Vi bör försöka förstå var detta "Vem" kommer ifrån och hur det ser ut.

Hsu-yun

Att glömma Självet är källan till allt elände.

Ramana Maharshi

DRA DINA EGNA SLUTATSER

Jag är nu strängt taget klar med mitt arbete. Som din ciceron har jag gjort det jag utlovade, och presenterat de stora religionerna. Det är nu din sak att testa och bedöma dessa läror och kanske hitta dina egna själsfränder bland dem. Den här bokens verkliga konklusion måste bli din—inte min.

Men innan du slutgiltigt bestämmer dig, vill jag komma med en varning. Varje bok om religion har sin egen infallsvinkel och sin egen fördomsfullhet. Somliga har en psykologisk vinkling, andra betonar moraliska eller sociala aspekter, andra åter är skrivna av hängivna troende, som ser all religion bara utifrån sin egen ståndpunkt, och vissa är motståndare till religion. Jag hoppas att ni har förstått att jag är väldigt mycket för alla de stora världsreligionerna. Min fördomsfullhet innebär inte att jag favoriserar en viss religion, utan att jag favoriserar en viss aspekt av dem alla—den mystiska aspekten. Den är för mig helt avgörande, vilket de flesta andra författare inte håller med om.

Ytterligare en egenhet med denna skrift bör nämnas. Fastän många författare håller med om att religionen måste försonas med naturvetenskapen, är det få—som till skillnad från mig—ser vetenskapen som en oändlig religiös inspirationskälla. Det som vetenskapen berättar om mig—min kropp och mitt sinne, på alla nivåer som går att observera—är för mig en religiös uppenbarelse. Andra författare lyckas bättre med att hålla vetenskap och religion isär. Framför allt tror jag att det är långt ifrån tillräckligt att enbart läsa om religionerna—oavsett hur djupsinnigt och omfattande. Att experimentera och att aktivt engagera dig är helt nödvändigt innan du bestämmer dig.

Bara du är experten på vad som är rätt för dig. Varför inte testa detta erfarenhetsbaserade förhållningssättet till religion, tillsammans med andra infallsvinklar, och se vad som fungerar.

(Än en gång; genomför gärna experimenten som finns i svensk översättning på www.headless.org övers.. anm.)

Det är min förhoppning, att du liksom jag, ska finna att de olika religionernas berättelser kompletterar varandra. Ingen bok, lära eller teknik kan göra dessa fantastiska berättelser rättvisa.

Böcker och experimenten är naturligtvis bara medel inte målet, vilket är självkännedom. Målet för våra studier är att lära känna oss själva och att bekanta oss med andras idéer och tro. Vi börjar förstå vad vi känner, vad vi tänker och framförallt vad vi är, genom att läsa, lyssna och ta intryck av andra människor och genom att pröva deras utsagor. Det tvingar oss att rådfråga våra sinnen och hjärtan. Detta är det slutgiltiga provet. Vi kastas tillbaka till oss själva, till de djupare intuitioner som uppstår, när vi slutar lita på andras erfarenheter och slutar låta dessa definiera och klassificera oss. Det kan vara nödvändigt att tålmodigt invänta vår egen sanning och på att våra egna djupaste övertygelser uppenbaras.

I återstoden av detta kapitel skulle jag vilja berätta vad som dök upp mitt fall. Det har varit en spännande erfarenhet att skriva den här boken, men också en stor utmaning, som har tvingat mig att sätta fingret på vad som är min egen position. En utmaning som kräver att jag, på tydligast möjliga sätt, anger vad som blivit min egen slutsats. Den erbjuder jag nu för ditt övervägande, inte som en instruktion. Den är en alltigenom personlig utsaga—jag hävdar ingen som helst auktoritet—känn dig helt fri att inte hålla med.

VAD ÄR JAG?

Vad vill jag få ut av livet? Vad tror jag att jag finns till för? Jag vill helt enkelt ta reda på vad jag är. En möjlighet som är allt för spännande för att inte tas till vara. Att vara människa, att över huvud taget finnas till, och inte vara intresserad—vilket slöseri!

Här är jag, mitt eget provexemplar; undersökaren och det undersökta, inslaget i ett och samma behändiga paket. *Här* är jag, ett fullständigt mysterium för mig själv, ett nära till hands liggande provexemplar av det totala mysteriet, universum.

Uppgiften för detta provexemplar är att söka sig inåt, att bli varse sig själv. Jag tror att bara två förutsättningar är nödvändiga: beslutsamhet och ärlighet.

Ytterligare tre förutsättningar, dock inte avgörande, kan vara till stor hjälp. För det första: uppmuntran från någon vän som sökt sig inåt och upptäckt sig själv. För det andra: teknik och inspiration från de stora levande världsreligionerna. För det tredje: för att undanröja blockeringar—vetenskapen.

Vad gäller den första av de tre—en vän—i den österländska traditionen dyker det upp någon när han eller hon behövs. Själv har jag haft tur.

Angående den andra—världsreligionerna—torde den här skriften visa vilken hjälp alla, utan undantag, varit för mig. Det faktum att det finns flera av dem, och att de i många frågor är motstridiga, är en försäkring. Jag låter dem själva strida och ser vad som blir kvar. För att upptäcka vad som är essentiellt i en religion, jämför jag den med de andra; Det som de är ense om, är det jag söker. Detta kallar jag basal mysticism. Det är den röda tråd som genomlöper varje kapitel i denna bok och binder samman den. Utan den faller allt i bitar.

Vad gäller det tredje, hjälp till *självupptäckande*—vetenskapen— har jag i föregående kapitel visat hur drastiskt vetenskapen fullföljer avskalningen av religionen.

Efter att de traditionella religionerna sinsemellan har upphävt varandras myter, legender och dogmer, tar vetenskapen vid och slutför reningen. Det som återstår är en i verklig mening basal mysticism. Endast den klarar alla test, bara den är helt ärlig och sann.

Låt mig försöka säga vad detta är, lite mer precist.

VAD ÄR JAG I TRADITIONELLT RELIGIÖSA TERMER?

Enligt de forna österländska lärorna, är jag att likna vid en lök. Lökens yttre skal är kroppen, de inre skalen är successiva lager av personlighet och känslor, och dess kärna är ingenting—*ingenting* förutom *medvetande.* Jag är denna kärna. Löken är vad jag har. Jag är inte det som jag varseblir. Jag är själva varseblivandet. Min uppgift är att skala löken, lager för lager, tills denna kärna av medvetande exponeras.

Endast detta är *självet*. Endast detta saknar egenskaper, är oföränderligt, fritt, opåverkat av allt, oförstörbart och verkligt. Att se detta är att vara *upplyst*.

VAD ÄR JAG I TERMER AV DEN MODERNA FYSIKEN?

Jag är det som en betraktare ser mig som. Fast det beror på vilket avstånd han befinner sig på. På några meters avstånd ser han mig som en människa. När han kommer närmare, utrustad med diverse instrument, upptäcker han att jag egentligen är organ, organen egentligen vävnader och vävnaderna egentligen celler... Och så vidare in till beröringspunkten, där ingenting finns—inga färger, inga former, ingen substans, ingen fasthet, inga kvaliteter över huvud taget. Han rapporterar att jag är en uppsättning mycket skiftande utseenden inom några meters diameter, utan något ting i centrum— eller om man så vill *ingenting*. Ändå är detta mystiska *ingenting* källan till alla mina utseenden som han betraktar.

VAD ÄR JAG, ENLIGT MIN EGEN ERFARENHET NU?

Jag är inte den där spenslige mannen (skäggprydd, tunnhårig med klara ögon som fixerar mig med blicken) som sitter vid ett bord i spegeln några meter bort. Jag är inte de där stolarna eller den där mattan som breder ut sig från honom fram till det här bordet. Jag är inte den här gråa bordsskivan eller det halvt färdigskrivna papperet. Jag är inte dessa två händer, där den ena håller papperet, medan den andra håller i den rödbruna pennan, som skriver dessa ord. Jag är inte de lite suddiga ärmarna, som tonar bort i armbågshöjd och ur vilka mina händer sticker ut. Jag är inte (ytan av) det vita skjortbröstet med en blå fläck i mitten. Jag är inte den suddiga ovala ramen (som jag kallar mina glasögon, men som inte alls ser ut så), som inramar mitt synfält.

Nej, jag är inget av dessa ting. De är på den *där* sidan av den ovala ramen. Jag är det som är på den *här* sidan. Och jag ser att det är *ingenting,* absolut *ingenting.* Men jag noterar—just eftersom det är ingenting, eftersom det är en *tom behållare*—att den rymmer dessa händer, ärmar, papper, bordsskivan, mattan, stolarna, den stirrande lille mannen och bortom honom fönstret, den blå himlen och solen.

Jag kan inte se att jag är *ingenting* utan att se att jag är *allting.*

DETTA ÄR JAG

Vetenskapen utesluter all religion—utom den högsta. Vetenskapen är en obeveklig fiende till allt som skymmer *essensen.* Den kan i sanning vara *upplysning,* definitivt en väg för den moderna människan—en *ärlighetens väg.* Allt inom religionen som vetenskapen kan förstöra, skall vetenskapen förstöra. Det är en god *frigörelse!*

Vetenskapen skalar löken lager för lager och sparar endast den livgivande kärnan. När den visar hur allt hos mig är betingat, att mina känslor och mitt tänkande är förvrängt, hur mina omhuldade åsikter och storslagna religiösa (eller antireligiösa!) övertygelser är konsekvenser av kroppskemi, föräldrars attityder till varandra och till mig, min ålder, inkomst, utbildning och etnisk tillhörighet och jag vet inte vad—då ger jag upp!

Detta är det sista halmstrået, brytpunkten, slutet på min låtsaslek. Detta är den ultimata och svåraste läxan, den slutliga sanningen om mig själv—förvisso en bitter sanning.

Ingenting som handlar om mig går att lita på. Jag misslyckas med allt, precis allt! Allt där ute, allt från dessa händer, den lille mannen i spegeln, till solen, himlen och självaste universum, med alla tankar, känslor och kvaliteter som däri inryms—allt är statt i omvandling, är beroende av annat, bortom min kontroll, misstänkt, korrupt, osant och dödsdömt.

Allt hos mig och allt runt mig sviker mig. Bara det som inte handlar om mig eller allt runt mig, men som *är jag*, går att lita på. Bara det som är *här* kommer aldrig att svika mig. Endast detta är beständigt, fritt, evigt utan förändring. Det är *ingenting, tomhet, ren klarhet.*

Ja, det är ett *ingenting* med en skillnad—ett *ingenting* som är varse sig själv som *ingenting*, och som *allting!* Detta är Jag!